中学校英語サポートBOOKS

コア・イメージ で英語感覚を磨く！

基本語指導ガイド 森本 俊 著

JN173596

明治図書

はじめに

　実践的な英語コミュニケーション能力を身につける上で，基本語を使いこなす力（＝基本語力）を身につけることは，必要不可欠です。しかし，多くの現場の先生方が基本語の重要性を認識されている一方，実際の授業で指導し切れているかと問われると，必ずしもそうとは言えない現状があります。

　教科書や問題集で出てきた用例をその都度解説したり，辞書に載っている語義を1つずつ覚えたりする指導は，基本語の知識を身につける上で一定の効果がありますが，それを通して実際に基本語を使いこなす力が身についているかというと，疑問が残ります。

　体系的・継続的な基本語指導を実践するためには，基本語の意味世界を生徒に魅力的に伝える力と，効果的なエクササイズをデザインする力が教師に求められます。本書は，主に中学生・高校生を担当されている先生方が，自信をもって基本語の指導を実践することができるような内容になっています。基本語という言葉を初めて耳にしたという方から，基本語の大切さを認識しているものの，実際の授業でどのように指導したら良いのか分からないといった問題意識を抱えている先生方にぜひ手に取って頂ければ幸いです。

　本書では，数ある基本語の中から42の基本動詞と25の前置詞を精選し，それぞれの語の意味世界の解説，及び授業に即応できるエクササイズ例を紹介します。本書が，多くの生徒たちが基本語を様々なコミュニケーションの場面で活用できる力を身につける一助になれば幸いです。なお，本書の執筆にあたっては，恩師である慶應義塾大学の田中茂範先生に多大なるご助言とご指導を賜りました。また，明治図書出版の広川淳志さんには，本書の企画から製作までの全工程において，的確なアドバイスを頂きました。ここに心より御礼を申し上げます。

2017年10月　　森本　俊

CONTENTS

Chapter 1 　基本動詞の指導

Chapter2 前置詞の指導

Introduction

なぜ基本語を身につけることは重要なのか

　近年の英語教育において，take や get, hold, keep といった基本動詞や，in, on, to をはじめとする前置詞を中心とした基本語を身につけることが重要であるという認識が高まっています。では，英語を学習する上で，基本語を身につけることはなぜ重要なのでしょうか。

　第一に，基本語には，日常会話から学術的な話題まで幅広く，高頻度で用いられるという特徴があります。これは，基本語を使いこなすことにより，表現力・理解力が飛躍的に向上することを意味します。実際，基本語を中心とする最頻出の100語を理解することで，日常会話の約７割を理解することできるという研究報告もあります。

　第二に，基本語を身につけることにより，文法の理解を深めることができます。例えば，中学で現在完了形を学習する際，「現在完了形＝ have ＋動詞の過去分詞形」のように形が提示されますが，なぜその形になるのかについて説明されることはほぼありません。「have ＝持つ」と理解している生徒にとっては，この瞬間に混乱が生じることになります。しかし，「何かを自分のところにもつ」という have の本質的な意味を理解することで，「何かがなされた状態を＋自分のところにもつ」という捉え方が可能になり，I have a smartphone. における have と連続した形で現在完了形を理解することができるようになります。同様に，be の本質的な意味に着目すれば，進行形（be + doing）や受動態（be + done）も無理なく理解することができます。その他にも，make や get と使役構文の関係，前置詞 to と不定詞の関係などを理解する上で，基本語の知識は大いに役に立ちます。

以上のように，基本語は英語力の基盤（foundation）であり，初期の段階から体系的・継続的に学習することが必要であると言うことができます。

基本語力とは何か

　基本語と聞くと，多くの人は中学で学習する簡単な単語というイメージをもつはずです。しかし，単語を「知っていること」は，それをコミュニケーションの場面で「使いこなせること」を必ずしも意味しません。例えば，run は中学で学習する基本動詞ですが，He can run fast.（彼は速く走ることができます）のような文脈ではそれを使える一方，Your nose is running.（鼻水が垂れていますよ）や，My father runs a small company.（父は小さな会社を経営しています）といった文脈で使える生徒は決して多くありません。つまり，run を「知っている」ということと，それを「使いこなせる」ことは異なる次元の話なのです。

　では，基本語を使いこなす力（＝基本語力）はどのような力として定義することができるでしょうか。一言で言うと，基本語力とは，語を「使い分けつつ，使い切る力」です。ここには，「使い分け」と「使い切り」という2つの側面があることに注目することが大切です。まず，「使い分け」とは，hold と keep，fall と drop のように，同じような意味をもつ語を状況に応じて適切に使い分けることを指します。例えば，Please hold the door open. と Please keep the door open. はともに正しい英文ですが，表現される意図は異なります。前者が一時的に手でドアを開けておくことを意味するのに対し，後者はドアを開けっぱなしにしておくという感覚です。したがって，両者の意味がどのように異なるのかを理解することが，語を使い分ける力を身につける上で重要となります。

　次に，「使い切り」とは，語をそれが使われ得る状況でどれだけ広く用いることができるかということです。例えば，多くの生徒は基本動詞 break

を，break a computer や break a toy のように，日本語の「こわす」に訳すことができる状況で使うことはできますが，break bread（パンをちぎる）や break the traffic rules（交通ルールを破る）といった状況ではなかなか使うことができません。これは，日本語の「こわす」の意味に縛られることにより，break を使い切ることができていない「使い残し」の例です。これとは逆に，多くの生徒は，「お腹をこわした」と言う際，誤って *I broke my stomach. と表現してしまうことがあります（英語では I upset my stomach. と言います）。これは，日本語の「こわす」の意味を，break に誤って当てはめてしまう「使い過ぎ」の例です。このような「使い残し」や「使い過ぎ」といった問題を乗り越えるためには，break のもつ本質的な意味を理解することが必要となります。

「英語＝日本語」式理解の限界

　では，基本語の意味はどのように理解するべきでしょうか。例として，基本動詞 put を学習する状況を考えてみましょう。試しに put の意味を英和辞典で引くと，{置く，出す，はずす，動かす，入れる，くっつける，取りかかる，〜のせいにする，投資する，委ねる，提出する，翻訳する，見積もる…} といった数多くの語義が列挙されています。そこで，一般的には辞書に載っている語義を１つずつ覚えるという指導がなされます。しかし，ここには大きく２つの問題点があります。

　第一に，「置く」「翻訳する」「委ねる」といった語義の間に意味の関係性を見て取ることができないため，生徒はこれらの語義を機械的に覚えざるを得ないことになります。意味的に無関係なものを覚えることは生徒にとって苦痛であり，学習効率や意欲の観点から見ても，多くの問題をはらんでいます。

　第二に，put ＝ {置く，翻訳する，委ねる…} といった形で覚えた場合，

日本語の「置く」に対して {set, lay, staff…} といった英語が対応し、さらにその中の set に対して {置く、課す、あてる…} といった日本語が対応します。理論的にはこのプロセスが無限に続くため、いくら訳語を充てても put の本質的な意味に辿り着くことができません。

　これらの問題の根底にあるのは、英語の意味は日本語の訳語を充てれば理解できるという発想です。しかし、当然のことながら英語の put と日本語の「置く」では使うことのできる範囲は異なります。したがって、「英語＝日本語」という形で理解することには限界があるのです。

　では、このような問題に陥ることなく、基本語の意味を理解するためにはどのような学習を行うことが必要なのでしょうか。その答えとして、本書では、コアとコア・イメージを使った学習を提案します。

● コアとコア・イメージから基本語の意味を理解する

　コア（core meaning）とは、語の核となる意味を指します。例えば、put は、Put the dishes on the table. や I put eye drops in my eyes.、Put this word into English. といった様々な状況で用いられますが、全ての用例に共通している put のコアは「何かをどこかに位置させる」です。最初の例は、「皿をテーブルの上に put する」、つまり「テーブルの上に皿を置く」となり、2番目の例は「目薬を目の中に put する」ことから「目薬を差す」と言う意味になります。同様に3番目の例も「この単語を英語という言語空間の中に put する」と考えると、「この単語を英語に訳す」と理解することができます。このように、コアとは全ての用例に共通した意味であり、「置く」「指す」「訳す」といった意味は put がどのような文脈で使われるのかに応じてその都度解釈されたものなのです。次の図は、この関係を整理したものです。

11

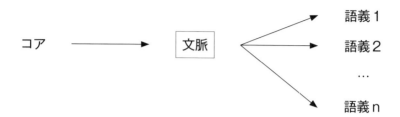

コア ━━━━━━▶ 文脈 ━━▶ 語義 1
　　　　　　　　　　　　 ━━▶ 語義 2
　　　　　　　　　　　　 …
　　　　　　　　　　　　 ━━▶ 語義 n

　コアを理解することによって，語義を１つ１つ機械的に覚えるという作業から解放され，語の意味を直観的に理解することができるようになります。ここで重要な点は，「差す」や「訳す」といった語義は，put の本質的な意味ではなく，put が使われ得る「状況」を表しているのに過ぎないという点です。これらが put の意味の一部であるという考え方が広くなされてきたため，基本語を身につけるためには辞書の語義を１つ１つ覚えなければならないという誤った見方が生まれてしまったのです。

　コアをイメージとして表したものを，コア・イメージと呼びます。右の図は，put のコア・イメージです。「何かをあるところに位置させる」というコアは言葉で記述されたものですが，イメージと併せて理解することにより，直感的に理解できるようになります。

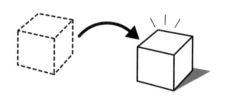

　先に，基本語を使いこなすためには，似たような意味をもつ語を「使い分ける」力が求められることを述べました。ここでも，コアとコア・イメージは重要な役割を果たします。例として put と set の違いを見てみましょう。put のコアは「何かをあるところに位置させる」でした。一方 set のコアは「定められた場所に据える」であり，次のようなコア・イメージで表されます。

　put と set のコアとコア・イメージを比較することにより，両者の使い分けが明快に理解できるはずです。例えば put the dishes on the table と

set the dishes on the table は，前者がテーブルの上であればどこに置いても構わないのに対し，後者はテーブルマナーを考慮して定められた位置に皿を配置することが意味されます。speak/tell/say/talk や listen/hear，fall/drop といった語についても，コアとコア・イメージを理解することに

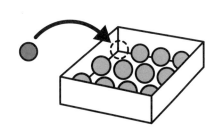

よって状況に応じて適切に使い分けることができるようになります。

基本語の授業をデザインする

　基本語の授業は，教員による解説とエクササイズ（言語活動）から構成されます。50分の授業時間を全て使って基本語の指導を行うことは現実的ではありませんので，本書では帯活動として10～15分程度の授業を3回実施することで，1つの語（またはペア）をカバーするという流れを提案します。具体的には，第1時の授業で「気づきを高めるエクササイズ」を行い，基本語の意味（コア）について生徒の興味・関心を喚起します。第2時では，教員によるコアとコア・イメージの解説を行います。そして，第3時で「理解＆表現エクササイズ」を通して理解力と表現力の向上を図ります。以下，詳しく見ていきましょう。

　気づきを高めるエクササイズのねらいは，生徒がもっている「make ＝作る」や「on ＝ 上に」といった「英語＝日本語」式の理解にゆさぶりをかけ，基本語の本質的な意味（コア）に意識を向けさせることです。本書では，複数の用例を提示して，それぞれの意味を考えさせたり，用例を対比してその意味の違いを考えさせたりするエクササイズを紹介します。以下はその例です。

エクササイズ例1

次の英文の意味を答え，run に共通する意味を考えよう。

(1) He can <u>run</u> 100m within 10 seconds.

(2) Your nose is <u>running</u>.

(3) My father <u>runs</u> a small cafe near here.

「run ＝ 走る」という理解をしている生徒にとって，(1)の意味はすんなりと理解することができますが，(2)と(3)は run を「走る」と訳すことができないため，違和感を覚えるはずです。ここから，「では，run の意味は一体何だろう」という疑問が自然に湧き上がってきます。

エクササイズ例2

次の英文の意味の違いを考えよう。

(a) The temperature <u>dropped</u> ten degrees this morning.　*degrees ℃

(b) The temperature <u>fell</u> ten degrees this morning.

エクササイズ例2は，drop と fall という似たような意味をもつ動詞を同じ文脈で用い，意味の違いを考えさせるものです。drop と fall を「落とす」という訳語で理解している生徒にとっては，にわかにその違いを理解することは難しいはずです。ここから，「では，drop と fall にはどのような違いがあるのだろう」という問いを喚起することが可能となります。

以上のエクササイズは，まず個人単位で取り組み，その後ペアになって意見交換をするという流れで進めると効果的です。話し合い活動を通して，アクティブな学習を行うことができると同時に，語のコアに対する気づきをより一層高めることができます。

気づきを高めるエクササイズで生じた疑問を解消し，語の本質的な理解を導入するのが，第2時のねらいです。ここでは，コアやコア・イメージを通して教員が基本語の意味世界を解説します。その際，いかに効果的な用例を提示し，基本語の意味世界を魅力的に語ることができるかが教師の腕の見せ所となります。本書では，中学生・高校生が身近な場面で使うことができ，意味を考える際に過度な負担がかからない用例を精選しました。また，文法的には若干複雑であっても，決まり文句として丸ごと使える表現も積極的に取り上げています。

　学習の仕上げが，第3時の理解＆表現エクササイズです。ここでは，基本語が用いられている用例の意味を考えた後，英文を口頭・筆記両面で産出する活動を通し，理解力・表現力を高めることがねらいとなります。

　以上が授業の基本的な流れです。これを軸に生徒の習熟度や勤務校のカリキュラムに応じて適宜調整することで，無理なく基本語の指導を日々の授業に組み込んでいくことが可能になるはずです。ここで重要なことは，基本語の指導を場当たり的に行うのではなく，1学期または1年間を通してこの語を学習するといった計画を立て，体系的・継続的に実践することです。

　次章以降では，42の基本動詞と25の前置詞の解説と，エクササイズを見ていきます。左ページの解説は，先生が解説をすることを念頭に置いて記述されていますが，必要に応じて生徒に配布することも可能です。右ページは，ワークシートとしてそのままコピーをして授業で配布することができます。なお，文法項目との接続の観点から，基本動詞 be, have, give, get, make 及び前置詞 to については，他の語よりも解説が長くなっています。担当学年に応じて取り上げる範囲を適宜取捨選択して頂ければ幸いです。

本書の使い方

　1つの基本語（ペア）につき，帯活動として10分から15分の授業を3回実施します。

【第1時】気づきのエクササイズ

🕐 **10分**

①ワークシートを配布する。

②生徒個人が問題に取り組む。

③ペアで意見交換をする。

④答え合わせをする。

【第2時】コアとコア・イメージの解説

🕐 **10分**

①教師がコアとコア・イメージを
　解説する。

【第3時】理解＆表現のエクササイズ

🕐 **15分**

①ワークシートを配布する。

②生徒個人が問題に取り組む。

③答え合わせをする。

④日本語を見てペアで英文を言う。

⑤日本語を見て裏面に英語を書く。

　＊④⑤は教師の指示で行ってください。

Chapter 1

基本動詞の指導

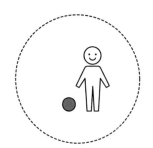

be

【コア】何かがどこかにある

　be のコアは，「何かがどこかにある」です。「ある場所にある」を中心として，「集合の一員である」や「ある状態にある」のように展開します。

　「ただいま」は，英語で I'm home. と言いますが，これは home という場所に自分があるというイメージです。場所を表す用例としては，他にも I'm on the bus now.（今バスに乗っているところです）や，Sorry, I was in a dead zone.（ごめんなさい，圏外にいました）などがあります。なお，シェイクスピアのハムレットで有名な To be or not to be, that is the question. というセリフは，場所を示さず単に「ある」ということから，「生きるか死ぬか，それが問題だ」という意味になります。

　「集合の一員である」の例として，We are junior high school students.（私たちは中学生です）という文が挙げられます。中学生という集合の中に私たちがある，という感覚です。他にも，I'm a dog person.（私はイヌ派です）や，I'm a picky eater.（私には食べ物の好き嫌いがあります）といった使い方があります。いずれも，犬をペットとして飼いたい人や，食べ物の好き嫌いがある人たちの集団の中に自分がある，というイメージです。

　be は「ある状態にある」という意味も表します。例えば，Mr. Sato is busy now.（佐藤先生は今，忙しいです）と言った場合，忙しい（busy）という状態の中に先生がある，と理解することができます。その他にも，I'm shy.（私は恥ずかしがり屋です）や，We're tired.（私たちは疲れています），She is absent today.（彼女は今日欠席です）のような使い方があります。

文法との接続①　be と進行形

　be が使われる代表的な文法項目として，進行形（be + doing）があります。これは中学で導入される文法項目ですが，形そのものは教えられても，なぜその形になるのかについて説明されることは，ほとんどありません。

　進行形を理解する際は，doing という形が「進行中の動作」を表すことをおさえる必要があります。例えば，They <u>are</u> playing baseball now. の場合，[playing baseball now] を1つのカタマリとして捉え，彼らが［今野球をしている状態に］ある，の

何かをしている
状態（-ing）

主語

ように考えます。I <u>was</u> taking a bath when you called me. のような過去進行形も同様に，［入浴していた状態（taking a bath）］にあった，と捉えることができます。be+doing 形をセットとして見るのではなく，[doing 形以下で表された状態に］ある，のように考えるのです。

文法との接続②　be と受動態

　受動態も進行形と同じ考え方ですんなり理解することができます。受動態は be + done の形で表されますが，動詞の過去分詞形は，「すでになされたこと」を表す形です。したがって，English <u>is</u> spoken all over the world. は，英語が［世界中

何かがなされた
状態（done）

主語

で話されている状態に］ある，のように考えることができます。過去形でも同様に，I <u>was</u> scolded by my teacher. と言えば，私が［先生に叱られた状態に］あった，となります。進行形と同じく，be + done をセットして捉えるのではなく，[done 以下で表された状態に］ある，と理解すると良いでしょう。

文法との接続③　be と to do

　進行形と受動態に加えて，be が用いられる文法項目に be to do という形があります。一般的にこの形は，「予定（～することになっている）」や「義務・禁止（～しなければならない）」，「可能（～することができる）」，「運命（～する運命にある）」，「意図・目的（～するつもり）」のように，様々な意味をもつ形として高校で教えられます。では，be のコアからこの形をどのように理解することができるでしょうか。

　to のコアは，face to face に代表されるような「何かに向き合って」です。be to do の場合は，do で表される動詞と時間的に向き合うことから，「これから～する」という未来志向的な感覚となります。例として，You are to hand in your essay by next Monday. という文を考えてみましょう。ここでは，主語である You が，hand in your essay by next Monday（来週の月曜日までにレポートを提出すること）と時間的に向き合っている（to）状態にある，と解釈することができます。ここから，「あなたは来週の月曜日までにレポートを提出することになっています」という意味になります。同様に，She was never to see her father again. という文は，主語である彼女が see her father again（また父親に会うこと）と時間的に向き合う（to）ことはなかった，と捉えることができます。ここから，「彼女は二度と父親に会わない運命にありました」という意味になります。be to do は上述したように様々な意味を表しますが，be のコアをつかむことによって文脈に応じて意味を判断することが可能となります。

　以上のように，be のコアをつかむことにより，今までばらばらに教えられてきた be の基本的な用法や進行形，受動態，be to do を同一線上で直観的に理解することが可能になります。

ある行為と向き合っている状態

主語

【be】を使いこなす

 ## 気づきのエクササイズ　　　　　🕐 10分

次の英文の意味を答え，**be** に共通する意味を考えよう。

(1)【帰宅】I'm home!

(2)【話があるけど】Mr. Sato is busy now.

(3)【高校生かと聞かれて】We are junior high school students.

(4)【誕生日】My birthday is August 10.

共通する意味は（　　　　　　　　　　　　　　　　　　）

 ## 理解＆表現のエクササイズ　　　🕐 15分

be のコアを意識しながら，次の英文の意味を答えよう。

(1)【電話がかかってきたけど】I'm on the bus now.

(2)【部活】We are in the baseball club.

(3)【どうしたのかな】She is absent today.

(4)【年齢を聞かれて】I'm fourteen years old.

have

【コア】自分のところに何かをもつ

　have のコアは，「自分のところに何かをもつ」です。コア・イメージのように，主語の空間内に何かが位置づけられる感覚です。have で表される空間を，ここでは HAVE 空間と呼びます。HAVE 空間は，大きく①所有空間と②経験空間として捉えることができます。

　まず，所有空間を表す have の例を見ていきましょう。I have a pen in my hand.（右手にペンを持っています）のような，何かを手に持つというのが典型的な用法ですが，直接手に持っていなくても，She has long hair.（彼女の髪は長いです）や，I have two younger brothers.（私には弟が2人います），He has a six-pack.（彼の腹筋は割れています），You have dark circles under your eyes.（目の下に隈ができていますよ）といった様々な状況で使うことができます。時刻を尋ねる際は，Do you have the time?（今何時ですか）という表現もよく使われます。

　経験空間の have としては，I had a good time in Okinawa.（沖縄で楽しい時間を過ごしました）や，I have a headache.（頭痛がします），We have a party tonight.（私たちは今夜パーティーをします）などが挙げられます。これらは，楽しい時間や頭痛，パーティーを所有するというよりもむしろ，経験するという意味で解釈されます。その他にも決まり表現として，Have a nice weekend!（良い週末を！）や Have a wonderful trip to Kyoto.（良い京都旅行を）があります。このように，have は形のある物を持つという意味以外にも，様々な状況で使うことができます。

文法との接続① 完了形

　have が用いられる文法項目に，完了形があります。例えば現在完了形は，中学で初めて習いますが，have ＋動詞の過去分詞形（done）という形は教えられても，なぜその形になるのかが説明されることは，ほぼありません。では，なぜ完了形には have が用いられるのでしょうか。

　be と進行形の関係と同様に，完了形についても「have + done」をセットとして捉えるのではなく，[done 以下で表されたことを have する]，という考え方をします。done は，すでになされたことを表す形です。例として，I have talked with him.

主語
何かがなされた
状態
(done)

という英文を考えてみましょう。これを上のように捉えると,I have [talked with him].となります。つまり，私は［彼と話したことを，今 have している］となります。では，この文の意味はどのように解釈することができるでしょうか。現在完了形を指導する際，通例「継続」「経験」「完了・結果」という用法を教えますが，このうちのどれになるでしょうか。実は，I have talked with him. という文は，３つ全ての用法として解釈することが可能であり，どの用法になるかは，文の中で使われる副詞情報によって決まります。例えば，I have talked with him for hours. と言えば，「私は彼と何時間も話しています」という「継続」の意味になります。一方，I have talked with him many times. は，「私は何度も彼と話したことがあります」という，「経験」の意味です。さらに，I have just talked with him. と言えば，「ちょうど彼と話してきたところです」という「完了・結果」の意味となります。このように考えると，現在完了形には，「すでになされたことを，今 have している」という共通したイメージがあることが分かります。それがどのような副詞情報とともに使われるかによって，「継続」「経験」「完了・結果」という意味が立ち現われてくるのです。

文法との接続②　have to do

　have to do は，助動詞の関連表現として中学で導入される文法項目です。I have to do my homework tonight.（今夜宿題をしなければなりません）のように，「〜しなければならない」という意味を表します。have to do は，have のコアからどのように捉えることができるでしょうか。

　to のコアは，「何かに向き合って」です。to do の場合，時間的にある行為に向き合うということから，「これから〜する」という未来志向的な意味になります。I have to do my homework tonight. の場合，have to を1つのカタマリとして見るのではなく，主語である私が［do my homework tonight］という行為に時間的に向き合っている（to）状態を have している，と考えます。ここから，「私は今夜宿題をしなければなりません」という意味が立ち現われてきます。

主語
ある行為に向き合っている状態
（to do）

文法との接続③　使役動詞としての have

　have には，使役動詞としての用法（have ＋目的語（O）＋原形不定詞）があり，文脈に応じて「O に〜させる」や「O に〜してもらう」という意味になります。例として，I had him wash my car. という文を見てみましょう。この場合，主語である I が，［him wash my car（彼が私の車を洗う）］という経験を have した，と捉えることができます。ここから，「私は彼に私の車を洗わせました／洗ってもらいました」という使役の意味が生まれます。ここにも have のコアが活きています。

主語
O が〜する状態
（O＋原形不定詞）

【have】を使いこなす

 ## 気づきのエクササイズ　　　🕐 10分

次の英文の意味を答え，**have** に共通する意味を考えよう。

⑴【筆記用具を忘れた】Do you <u>have</u> a pen?

⑵【友達について】She <u>has</u> long hair.

⑶【旅行】I <u>had</u> a good time in Okinawa.

⑷【楽しみ】We <u>have</u> a party tonight.

共通する意味は（　　　　　　　　　　　　　　　　）

 ## 理解＆表現のエクササイズ　　　🕐 15分

have のコアを意識しながら，次の英文の意味を答えよう。

⑴【ラブラブです】I <u>have</u> a boyfriend now.

⑵【時計がないので】Do you <u>have</u> the time?

⑶【体調不良】I <u>have</u> a headache.

⑷【一週間の終わりに】<u>Have</u> a nice weekend!

take

【コア】何かを自分のところに取り込む

　辞書には take の意味が数多く載っていますが，それらに共通するコアは，「何かを自分のところに取り込む」です。典型的には，Please take a dictonary from the shelf.（棚から辞書を取ってください）や，He took a pen and started writing.（彼はペンを手に取って書き始めました）のように使います。I took the wrong train this morning. と言えば，「今朝電車を乗り間違えました」となります。その他にも，I like taking pictures.（写真を撮るのが好きです）や Let me take your temperature.（体温を測りましょう）といった使い方がありますが，ともにカメラや体温計を通して対象が取り込まれるといったイメージです。

　人を take する場合は，「連れて行く」という意味になります。I took her to Yokohama yesterday. と言えば，「私は昨日彼女を横浜に連れて行きました」となります。さらに take を使って，あることをするのにかかる時間を表すこともできます。It を主語にして，It takes thirty minutes to get to school. のように使います。学校に行くこと（to get to school）が30分という時間を取り込む，つまり要するという感覚です。

　take には「ある行為をする」という軽動詞と呼ばれる用法もあります。日常的によく使われる用例として，Let's take a walk.（散歩をしましょう）や I take a shower every morning.（毎朝シャワーを浴びます），Please take a look at this graph.（このグラフをご覧ください），I have to take care of my dog.（犬の面倒を見なければいけません）といったものが挙げられます。

【take】 を使いこなす

 ## 気づきのエクササイズ　　　　　🕒 10分

次の英文の意味を答え，**take** に共通する意味を考えよう。

(1)【頼み事】Please take a dictionary from the shelf.　*shelf　本棚

(2)【趣味】My father likes taking pictures.

(3)【デート】I took her to Yokohama yesterday.

(4)【いい天気だし】Let's take a walk.

共通する意味は（　　　　　　　　　　　　　　　）

 ## 理解＆表現のエクササイズ　　　　🕒 15分

take のコアを意識しながら，次の英文の意味を答えよう。

(1)【遅刻の理由】I took the wrong train this morning.　*wrong　間違った

(2)【発熱した人に】Let me take your temperature.　*Let me ～　～させてください

(3)【通学時間について】It takes thirty minutes to get to school.

(4)【毎日の習慣】I take a shower every morning.

give

【コア】自分のところから何かを出す

　give の意味を,「誰かが他の人に何かをあげる」というように理解している生徒は少なくありませんが, そのコアは,「自分のところから何かを出す」です。対象が移動する方向が, take と逆になっていることから, まさに give and take の関係です。形としては, ① give A, ② give A to B, ③ give B A の3つのパターンがあります。

　まず give A の例として, The sun gives light.（太陽は光を放ちます）や He gave a cough.（彼は咳をしました）, She gave a wonderful speech.（彼女は素晴らしいスピーチをしました）などが挙げられます。いずれも受け手は示されておらず, 単純に自分のところから光や咳, スピーチを出したということが表現されています。ちなみに, 刑事ドラマでは OK, now, give!（いいな, さあ, はけ！）という表現も使われます。

　次に, give A to B は,「自分のところから A を出して B に差し向ける」という感覚です。I gave a birthday present to him.（私は彼に誕生日プレゼントをあげました）や, She gave a cookie to the dog.（彼女は犬にクッキーをあげました）のように使います。

　give は, give B A のように, 名詞を2つ並べた形でも頻繁に用いられます。Please give me another chance.（もう一度チャンスをください）や, I'll give you an example.（例を挙げましょう）のような用例が挙げられます。興味深い例として, Kevin always gives me a headache. のような使い方があります。直訳すれば,「ケビンはいつも私に頭痛を与える」となりますが,「ケビンにはいつも頭が痛いです」という意味になります。

最後に，日常会話で使える give の表現を見てみましょう。Can you give me a hand?（手伝ってくれますか）や，Please give him a big hand.（彼に大きな拍手をお願いします），Let's give a farewell party for Ms. Baker.（ベイカー先生のためにお別れ会をやろうよ），I'll give you a ride.（車で送るよ）などがあります。Give me five! も面白い表現です。これは，5本の指を合わせようということから，ハイタッチをする時に使います。

　「自分のところから何かを出す」という give のコアをつかむことによって，幅広い場面で give を使いこなすことができるようになります。

文法との接続① 　give A to B と give B A の違い

　I gave a birthday present to him. という give A to B の形は，一般に I gave him a birthday present. のように，give B A の形に書き換えることができると言われています。しかし，必ずしも「give A to B = give B A」にはならないことに注意が必要です。厳密に言うと，前者の場合は，私が自分のところからプレゼントを出し，彼に差し向けたことのみが示されるため，場合によっては彼が受け取らなかったこともあり得ます。一方，I gave him a birthday present. と言った場合，何を私は give したのでしょうか。もちろん him ではありません。ここでは，[him a birthday present] の部分が give の対象になります。カッコでくくられた部分には，[he HAVE a birthday present] という関係を読み取ることができます。したがって，私は［彼が誕生日プレゼントを持っている状況を］give した（生み出した）ということになるため，彼は確実にプレゼントを受け取ったことになります。このように，give B A は，「B が A を HAVE している状況を生み出す」という意味を表します。もちろん，両者は同じ意味として取られることが多く，学習の初期段階では細かな解説は不要ですが，両者の間に微妙なニュアンスの違いがあることはどこかの時点で説明すべきでしょう。

　もう一点，give A to B と give B A には重要な違いがあります。先に述べた通り，give A to B は「自分のところから A を出し，B に差し向ける」

という意味を表します。そこから，Aに来るものは「移動可能なものでなければならない」ということになります。例えば，Kevin always gives me a headache. の場合，頭痛は移動可能なものではないため，give B A の形にしかなりません。決まり文句として使われる Give me a break.（冗談はやめて／いいかげんにして）についても同様に，一休みできる状況（a break）は移動不可能であるため，*Give a break to me. と言うことはできません。

文法との接続②　give を使った句動詞

　give のコアは，「何かを自分のところから出す」でしたが，in や away，off といった副詞と組み合わせることにより，どのように出すのかを鮮明化することができます。ここでは，句動詞 give in を見ていきます。give in には，「〜を提出する」という意味と，「降参する」という意味があります。両者の間には意味のつながりが感じられませんが，give のコアをつかむとすっきり理解することができます。例えば，I have to give in my essay tomorrow. は，自分のところからレポートを出し（give），先生の空間の中（in）に入れる，と解釈することができるので，「私は明日レポートを提出しなければなりません」という意味になります。一方，戦争の場面で They finally gave in. と言えば，「彼らはついに降参しました」という意味になります。ここでは，主語である They が自分たち自身を give し，相手の空間内（in）に入る，というイメージです。相手の空間内に入るということは，自分たちの処遇が相手に委ねられるということになるため，「降参する」という意味になります。このように，コアをつかむことによって句動詞の理解も深めることができます。

【give】を使いこなす

 ## 気づきのエクササイズ　　　　⏱ 10分

次の英文の意味を答え，**give** に共通する意味を考えよう。

(1)【よろこんでくれました】I gave a birthday present to her.

(2)【プレゼン中】I'll give you an example.　　*example　例

(3)【太陽】The sun gives light.　*light　光

(4)【まったく…】Kevin always gives me a headache.　*headache　頭痛

共通する意味は（　　　　　　　　　　　　　　）

 ## 理解＆表現のエクササイズ　　　　⏱ 15分

give のコアを意識しながら，次の英文の意味を答えよう。

(1)【毎回大変です…】Mr. Kawai gives us a lot of homework.

(2)【感心しました】She gave a wonderful presentation.

(3)【今週末は彼の誕生日】Let's give a birthday party for him.

(4)【訳の分からないことを言う友達に】Give me a break!

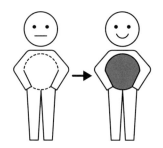

get

【コア】ある状態になる（する）

　get は一般的に「〜を手に入れる・得る」という意味で理解されていますが，そのコアは，「ある状態になる（する）」という「状態変化」です。このコアを理解するためには，①誰が変化するのか，②どのような状態に変化をするのか，の2点をおさえる必要があります。①については，主語の変化か目的語の変化か，②については，「何かをもっている状態（have）」，「何かである状態（be）」，「何かをする状態（do）」の3つの種類があります。

　まずは主語の変化を見ていきましょう。I got a present from him. は，「私は彼からプレゼントをもらいました」という意味ですが，これは主語である私が［プレゼントをもっていない状態］から［プレゼントを持っている状態（I have a present）］に変化したと理解できます。また，He got angry at me.（彼は私に怒りました）は，彼が［怒っていない状態］から［怒っている状態（he is angry）］に変化したと解釈することができます。最後に，You will soon get to like this school.（すぐにこの学校が気に入りますよ）のように，to 不定詞を伴う使い方もあります。これは，あなたが［この学校を気に入っていない状態］から［この学校を気に入っている状態（you like this school）］へ変化します，という感覚です。ただし，このパターンは中学・高校ではほとんど見られませんので，他の2つと比べて優先順位は低いと言えます。

　次に，目的語の変化について見ていきましょう。I'll get you a new smartphone. は，「あなたに新しいスマホを買ってあげましょう」という意味ですが，ここで変化をしているのは目的語の you です。つまり，あな

たが［新しいスマホをもっていない状態］から［新しいスマホをもっている
状態（you have a new smartphone）］に変化させましょうということに
なります。また，Someone got the door open.（誰かがドアを開けまし
た）の場合は，変化するのは目的語の the door です。誰かが［ドアが開い
ていない状態］から［ドアが開いた状態（the door is open）］へと変化さ
せたということです。最後は，My mother got me to wash the dishes.
という用例です。この get の用法は，高校で使役動詞の１つとして学習し
ます。make や have，let と異なり，to 不定詞の形を取る点に注意が必要で
す。この場合も変化するのは目的語の me です。つまり母が，私が［皿洗
いをしていない状態］から［皿洗いをする状態（I wash the dishes）］へ
と変化させたという感覚です。そこから，「母は私に皿洗いをさせました」
という使役の意味になるのです。

　get は以上で紹介したもの以外にも，英語で可能な構文パターンのほぼ全
てを網羅する基本動詞です。しかし，どんなパターンでも「状態変化」とい
う get のコアは共通していますので，それをつかんでさえおけば，どのよう
な文でも意味を理解することができます。生徒がある程度 get の用例に触
れた段階で，以上のような視点で整理すると良いでしょう。なお，ここまで
の内容を表で整理すると，以下の表のようになります。中学・高校それぞれ
の段階で，どこに焦点を当てて指導するかを考える際に参考にしてください。

		どのような状態に変化するのか		
		何かをもっている 状態（HAVE）	何かである状態 （BE）	何かをする状態 （DO）
誰の状態が変化するのか	主語	主語が何かを HAVE している 状態	主語が何かで ある（BE） 状態	主語が何かを する（DO） 状態
	目的語	目的語が何かを HAVE している 状態	目的語が何かで ある（BE） 状態	目的語が何かを する（DO） 状態

日常会話で使える get 表現

　get は，日常の様々な場面で用いられます。ここでは例として，起床・就寝と SNS に関連した get の表現を見ていきます。

(1) 起床・就寝関連

　「起床する」は，I got up at seven.（7時に起きました）のように，get up を使います。自分の体が直立した状態（up）に変化した，ということです。早く起きた場合は，get up early，遅く起きた場合は get up late となります。get up は，自分が起きる場合以外にも，Plese get him up（彼を起こしてください）のように，誰かを起こす場面でも用いられます。「ベッドに入る」は，get in bed，「ベッドから起きる」は，get out of bed と言います。また，一度起きてまた寝る時は，get back to sleep と表現します。「十分睡眠をとる」は，get enough sleep です。「眠くなる」は，get sleepy と言います。ちなみに，「髪に寝癖がつく」は，get bedhead です。

(2) SNS 関連表現

　「彼から LINE でメッセージをもらいました」と言う時は，I got a message from him on LINE. と表現します。メッセージを受け取っていない状態から受け取った状態への変化が読み取れます。「彼から返信がありませんでした」と言う時は，I got no reply from him. となります。また，Facebook で「いいね！」をもらった時は，I got a lot of "likes" on Facebook. と言います。「いいね！」をもらっていない状態から，もらった状態への変化が表されています。「彼は Facebook にはまりました」と言う時は，He got hooked on Facebook. のように，get hooked という表現を使います。また，「ここでは無料の Wi-Fi が使えます」は，You can get free Wi-Fi here. となります。

【get】を使いこなす

！ 気づきのエクササイズ　　　　　　　🕐 10分

次の英文の意味を答え，**get** に共通する意味を考えよう。

⑴ 【昨日誕生日だったので】I got a present from him.

⑵ 【口がすべりました】He got angry at me.

⑶ 【夕食後】I'll get you some coffee.

⑷ 【出発前】My mother got me to take out the garbage.　*garbage　ゴミ

共通する意味は（　　　　　　　　　　　　　　　　　　　　　　　）

理解＆表現のエクササイズ　　　　　　🕐 15分

get のコアを意識しながら，次の英文の意味を答えよう。

⑴ 【ついに】I'm going to get a new smartphone this weekend.

⑵ 【体育の後】We got tired.

⑶ 【やったぁ！】My parents got me a concert ticket.

⑷ 【汚い部室を見た部長が】I have to get them to clean the clubroom.

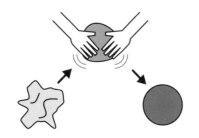

make

【コア】何かに手を加えて何かを作る

makeのコアは「何かに手を加えて何かを作る」です。ここでは，「作り手」「素材」「産物」の3つをつかむことがポイントになります。これらが文中どのように組み合わされるかによって，様々な状況が表されます。

例えば，He is making fried rice.（彼は炒飯を作っています）という文では，作り手であるHeが，産物であるfried riceをmakeしており，素材は示されていません。I always make a to-do list for the next day.（私はいつも次の日のためにやることリストを作ります）も同様です。一方，They made the comic into a movie.（彼らはその漫画を映画化しました）は，作り手であるTheyが，素材のthe comicに手を加え，産物としてa movieを作った，のように，3つの要素が全て揃った例です。産物を表す際には，前置詞intoがよく用いられます。

それでは，This table is made of wood.はどうでしょうか。この場合は，主語が産物であるThis tableで，ofの後に素材であるwoodが来ています。Butter is made from milk.（バターは牛乳から作られます）も同

様です。さらに興味深い例として，They make a good couple. という用例もあります。この場合，主語の They が素材となり，a good couple が産物という解釈になります。したがって，「彼らはいいカップルですね」という意味になります。このように，「作り手」「素材」「産物」という要素は，文の中で主語になったり目的語になったりするなど，様々な組み合わせで用いられます。

　make を使った決まり文句として，I made it! という表現があります。例えば電車に乗り遅れそうになって全力でダッシュした結果，何とか乗れたという状況で I made it! と言えば，「間に合った！」となります。ゲームをクリアした時に使えば，「やったぁ！」という気持ちを表現できます。この it は，自分が直面している状況を漠然と指しているので，様々な場面に応用することができます。その他にも，タクシーの運転手に Driver, can you make the airport by six? と尋ねれば，「運転手さん，6時までに空港に間に合いますか」という意味になります。これは，6時に空港に到着できるか分からない状態に手を加え，到着する状態をつくることができるか，という感覚です。

　make は，「make ＋名詞＋名詞」という形でもよく使われます。ここでは，make する対象が何かをつかむことが鍵となります。例えば，I'll make you a cup of coffee. と言った場合，make する対象は何でしょうか。結論を先に言うと，[you a cup of coffee] の部分が make の対象です。

　ここでは，you と a cup of coffee の間に have を補うとすっきり理解できます。私は ［あなたがコーヒーをもつ状態（you have a cup of coffee)］を make します，と考えることで，「あなたにコーヒーを一杯淹れましょう」という意味になります。My mother made me a bento this morning.（母は今朝私にお弁当を作ってくれました）も同様の考え方です。

　以上見てきたように，make は様々な構文で用いられる動詞ですが，「作り手」「素材」「産物」という視点を通してコアを理解することにより，使いこなすことができるようになるはずです。

文法との接続①　make A B（A を B にする）

　中学では，「A を B にする」という意味を表す「make A B（B ＝形容詞）」という形を学習します。例えば，Her words made me happy. と言った場合，make の対象は，[me happy]，つまり「私がうれしい状態（I am happy）」です。ここでは have ではなく，be を補います。したがって，「彼女の言葉を聞いて私はうれしくなりました」という意味になります。I made her angry.（彼女を怒らせてしまいました）や，The news made us sad.（その知らせを聞いて私たちは悲しくなりました）も同様に，「彼女が怒った状態（she is angry）」や「私たちが悲しい状態（we are sad）」が make の対象となります。このように，make はある状況を作り出す場合にも用いることができます。

文法との接続②　使役動詞としての make

　make には，使役動詞としての用法（make ＋目的語＋原形不定詞）があります。例えば，My mother made me clean my room. の場合，make の対象は，[me clean my room] です。つまり，母は [私が部屋の掃除をする状態を] make した，ということです。したがって，「母は私に部屋の掃除をさせました」という使役の意味になります。make のコアには，「手を加えて」という側面があるため，have や let と異なり，強制力をもったニュアンスになります。その他の用例としては，Ms. Kato made me stay after school.（加藤先生は私を放課後残しました）や，I didn't mean to make you cry.（泣かせるつもりはありませんでした）が挙げられます。make の対象はそれぞれ「私が放課後残ること（me stay after school）」と，「あなたが泣くこと（you cry）」です。

【make】を使いこなす

 ## 気づきのエクササイズ　　　🕐　10分

次の英文の意味を答え，make に共通する意味を考えよう。

(1)【いいにおいがしてきた】He is making fried rice.　*fried rice　炒飯

(2)【ヒットするかな】They made a comic into a movie.　*comic　漫画

(3)【昼食後】I'll make you a cup of tea.

(4)【ショック】His words made me sad.　*words　言葉

共通する意味は（　　　　　　　　　　　　　　）

 ## 理解＆表現のエクササイズ　　　🕐　15分

make のコアを意識しながら，次の英文の意味を答えよう。

(1)【料理中の母に】What are you making?

(2)【何か悪いこと言ったかな…】I made her angry.

(3)【ランチタイム】My mother made me a bento this morning.

(4)【ついにレポートが完成！】I made it!

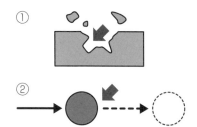

break

【コア】力を加えて，形・機能・流れ
をコワス

　break のコアは，「力を加えて形・機能・流れをコワス」です。このコア
は，コア・イメージのように①「形や機能を損じる」という用法（上図）と，
②「流れ（状態）を断つ」という用法（下図）に分けることができます。

　まず，「形や機能を損じる」という用法から見ていきましょう。break a
toy や break a computer といった用例は，日本語でも「おもちゃをこわ
す」や「コンピュータをこわす」と言うことができるため，すんなり理解で
きます。これらに加えて break は，日本語でこわすことができない対象を
多く取ります。例えば，break branches（枝を折る）や break one's arm
（腕を折る），break an egg（卵を割る），break the skin（肌を擦りむく），
break bread（パンをちぎる）といった用例には，それぞれ異なる日本語の
動詞が対応しますが，力を加えることによって対象の形が損なわれるという
コアは共通しています。また，break one's heart の場合は，心を形がある
ものとして捉え，その形が損なわれる，つまり「胸が痛む」という意味にな
ります。

　次に，「流れ（状態）を断つ」という用法を見ていきましょう。この用法
は，多くの生徒にとって馴染みの少ないものです。例えば，break one's
promise（約束を破る）は，約束したことが続かずに断たれてしまうという
感覚です。break the school rules（校則を破る）や，break one's
concentration（集中力が切れる）も，同様に理解することができます。

　コアをつかむことにより，日本語の「こわす」に縛られずに break を使
い切ることができるようになります。

40

【break】を使いこなす

 気づきのエクササイズ 🕐 10分

次の英文の意味を答え，break に共通する意味を考えよう。

(1)【まずいことになった】I broke the computer.

(2)【料理中】Please break two eggs.

(3)【ショック！】He broke my heart.

(4)【学校の一員として】We should not break the school rules.

共通する意味は（　　　　　　　　　　　　　　　　　　　　　）

 理解＆表現のエクササイズ 🕐 15分

break のコアを意識しながら，次の英文の意味を答えよう。

(1)【異変に気付いた先生】Who broke the window?

(2)【痛い…】I broke my leg during soccer practice.　*during 〜の間に

(3)【信じられない】He broke his promise.　*promise 約束

(4)【みんなの安全のために】Don't break the traffic rules.　*traffic 交通

cut

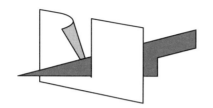

....

【コア】鋭利なもので切る

　cut のコアは「鋭利なもので切る」です。ここには，「切り込む」と「切り離す」という 2 つの側面があります。例えば，I cut my finger on a knife.（私はナイフで指を切ってしまいました）は「切り込み」の，I had my hair cut.（髪を切ってもらいました）は，「切り離し」の例です。

　cut の主な用例として，Let's cut the cake in half.（ケーキを半分に切りましょう）や，I forgot to cut my fingernails.（指の爪を切るのを忘れてしまいました），It's time to cut the lawn.（そろそろ芝生を刈らないと）といったものが挙げられます。その他にも，Don't cut class.（授業をさぼるな）や，I don't know why, but he cut me.（なぜだか分かりませんが，彼は私を無視しました），Will you cut the talking , please?（おしゃべりをやめてもらえますか）といった表現があります。

　cut の「切り離す」という部分は，「削減する」という意味に展開します。スピーチの練習をしていて，You need to cut your speech by two minutes. と言えば，「スピーチを 2 分短くする必要があります」という意味です。どの程度 cut すべきかを，前置詞 by を使って表現します。また，生徒会の予算を削減する場合にも，We have to cut the budget.（予算を削減しなければなりません）となります。決まり表現としては，I'll cut a long story short.（手短に話します）もぜひおさえておきたいところです。

　以上のように，単純に物を切る以外にも，cut は様々な場面で用いられます。コアを意識して，いろいろなものを cut してみましょう。

【cut】を使いこなす

Class（　　） No.（　　　） Name（　　　　　　　　　　　）

 ## 気づきのエクササイズ　　　🕐 10分

次の英文の意味を答え，cut に共通する意味を考えよう。

(1)【誕生日パーティー】Let's cut the cake in half.

(2)【気づくとかなり長い】I forgot to cut my fingernails.　*fingernails　指の爪

(3)【私語がうるさい】Will you cut the talking, please?

(4)【何か悪いことしたかな…】He cut me this morning.

共通する意味は（　　　　　　　　　　　　　　　　　　）

 ## 理解＆表現のエクササイズ　　　🕐 15分

cut のコアを意識しながら，次の英文の意味を答えよう。

(1)【料理中】I cut my finger on a knife.

(2)【さっぱりしました】I had my hair cut yesterday.

(3)【スピーチの練習】I have to cut my speech by two minutes.

(4)【時間がないので】I'll cut a long story short.

go

【コア】視点が置かれているところから離れる

　go のコアは，「視点が置かれているところから離れる」です。コア・イメージに示されているように，①ある場所から離れる，②進行中である，③ある場所に向かう，という3つの側面から理解することができます。

　まず「ある場所から離れる」の用法を見ていきましょう。陸上で On your mark, get set, go! (位置について，よーい，どん！) という表現を聞きますが，まさに今いるスタート地点から離れるという感覚です。その他にも，My headache has gone. (頭痛が消えました) や，This stain won't go. (このシミは取れません)，Everything must go. (売り尽くしセール中) といった用例が挙げられます。

　次に，「進行中」の用法です。日常会話で How's everything going? という表現をよく使いますが，全てのことがどのように進んでいるのか，つまり「調子はどう？」という意味になります。また，「進行中」の意味は，be going to ～ を使って表されることが多いです。I'm going to see a movie this weekend. は，映画を見ることに向かって今進行中であるということから，「今週末，映画を見に行く予定です」という意味になります。

　3つ目の「ある場所に向かう」の用例としては，I go to school at seven. (私は7時に登校します) や，Let' go home. (家に帰ろう) のように，ある場所への移動が表されます。また，go の後には形容詞が来ることもあり，The fish went bad. (魚が腐ってしまいました) や，Don't go wild. (大騒ぎするな) のように，通例あまり好ましくない状態への変化を意味します。

【go】を使いこなす

 ## 気づきのエクササイズ　　　🕐 10分

次の英文の意味を答え，**go** に共通する意味を考えよう。

(1)【日々の習慣】I go to school at seven.

(2)【カレーうどんがはねた】This stain won't go. *stain シミ

(3)【楽しみ】I'm going to see a movie this weekend.

(4)【夏場は注意】The fish went bad.

共通する意味は（　　　　　　　　　　　　　　　　　　　）

 ## 理解＆表現のエクササイズ　　🕐 15分

go のコアを意識しながら，次の英文の意味を答えよう。

(1)【もう遅いので】Let's go home.

(2)【すっきりしました】My headache has gone.

(3)【友達に】How's everything going?

(4)【楽しかったです】We went to Kyoto on our school trip. *school trip 修学旅行

come

....

【コア】視点が置かれているところに
移動する

　夕食を作っているお母さんに，"Dinner is ready!" と言われ，「今行くよ」と答える場合，"I'm going." ではなく，"I'm coming." と言うのが一般的です。日本語では「行く」なのに，なぜ英語では come を使うのでしょうか。

　come のコアは，「視点が置かれている所に移動する」です。ここでは，どこに視点が置かれているのかを把握することがポイントです。上の例で言うと，お母さんがいる場所に視点が置かれており，そこに自分が移動するという感覚となります。友達に "Are you coming to karaoke tonight?"（今夜カラオケに行く？）と尋ねられた場合，たとえ会話が教室で行われていても，話し手の視点はカラオケボックスに置かれているため，come が使われます。

　come は，物理的な移動以外にも用いることができます。例えば，My dream finally came true. は，願っていたことが実現された状態に夢が移動した，つまり「夢がついに叶いました」となります。I have come to love reading. と言えば，読書が好きな状態に私が移動したということから，「私は読書が好きになりました」という意味になります。以上の他にも，Our work came to nothing. という用例もあります。私たちの努力（our work）が nothing の状態に come した，つまり「私たちの努力は報われませんでした」という意味です。

　come を使った決まり表現としては，How come?（なぜ？）をぜひおさえておきましょう。どのようにしてある事態に至ったのか，ということから，「なぜ？」と理由を尋ねる時に使います。

【come】を使いこなす

 気づきのエクササイズ　　　🕐 10分

次の英文の意味を答え，come に共通する意味を考えよう。

(1)【夕飯ができた】I'm coming!

(2)【ALT の先生】He came to Japan two years ago.

(3)【最近の変化】I have come to love reading.

(4)【頑張ったのに…】Our work came to nothing.　*our work　私たちの努力

共通する意味は（　　　　　　　　　　　　　　　　　）

理解＆表現のエクササイズ　　　🕐 15分

come のコアを意識しながら，次の英文の意味を答えよう。

(1)【友達に】Are you coming to karaoke tonight?

(2)【何かあったの？】She came to school late today.

(3)【ついに！】My dream finally came true.

(4)【理由を尋ねたい】How come?

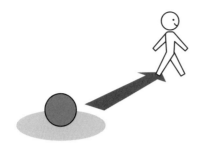

leave

....

【コア】持って行かないで（そのまま
の状態にして）去る

    leave のコアは，「持って行かないで（そのままの状態にして）去る」です。このコアは，「ある場所や物事から離れる」と「物や状態を残す」という2つの視点から捉えることができます。

    「ある場所や物事から離れる」の用例としては，Grade two students left for Okinawa yesterday.（昨日2年生が沖縄に出発しました）が挙げられます。学校から離れて沖縄に向かったという感覚です。ここでは leave が「方向」を表す前置詞 for とともに使われています。また，授業中にトイレに行きたくなった時は，May I leave class? と言います。これも，授業を離れるというイメージです。Three teachers left school last year. と言えば，「去年3人の先生が学校を辞めました／異動になりました」という意味になります。友達の家に遊びに行って，帰る時間になった時は，I must be leaving now.（もう帰らないといけません）という決まり表現も使えます。

    次に，「物や状態を残す」の例ですが，留守番電話につながった際，Please leave a message. という音声が流れます。これは「伝言を残しておいてください」という意味です。公園でお花見をした後は，Don't leave anything in the park.（公園に何も残さないように）と言うこともできます。また，決まり表現として Leave me alone! もあります。これは，「私を一人の状態にしておいて」，つまり「ほっておいて！」という意味になります。その他にも，Leave it to me. もよく使われる表現です。今抱えているものを私に残せ，つまり「私に任せて」という意味です。

【leave】を使いこなす

 ## 気づきのエクササイズ　　　🕐　10分

次の英文の意味を答え，leave に共通する意味を考えよう。

(1)【修学旅行】Grade two students left for Okinawa yesterday.　　*grade　学年

(2)【留守番電話】Please leave a message.

(3)【公園でお花見後】Don't leave anything in the park.

(4)【頼れるリーダー】Leave it to me.

共通する意味は（　　　　　　　　　　　　　　　　　　）

 ## 理解＆表現のエクササイズ　　　🕐　15分

leave のコアを意識しながら，次の英文の意味を答えよう。

(1)【明日の予定】I'm going to leave for Tokyo tomorrow.

(2)【授業中トイレに行きたい】May I leave class?

(3)【ショック！】I left my umbrella on the train.

(4)【失恋直後】Leave me alone!

run

【コア】ある方向に，連続して，すば
やくなめらかに動く

　runのコアは，「ある方向に，連続して，すばやくなめらかに動く」です。典型的には，He can run fast.（彼は速く走ることができます）や，I ran into the bathroom.（私はトイレに駆け込みました）のように，「人が走る」という意味で用いられます。しかし，その他にも The bus [train] runs every 20 minutes.（バス［電車］は20分置きに走っています）のような乗り物や，Your nose is running.（鼻水が垂れていますよ），The Thames runs through London.（テムズ川はロンドンを通って流れています），Tears ran down her cheeks.（涙が彼女の頬を伝い落ちました）のような液体が主語になることもあります。その他にも，He decided to run for the president of the student council.（彼は生徒会長に立候補することを決めました）のように「立候補する・出馬する」といった意味で使うことができます。

　形のないものが主語になる例としては，A shudder ran through me.（戦慄が走りました）や，A pain ran up my leg.（足に痛みが走りました）が挙げられます。ここには，runと「走る」の対応関係が見られます。

　また，runには他動詞としての用法もあります。例えば，He runs a small company.（彼は小さな会社を経営しています）は，会社を将来に向けて，連続して動かしていくという感覚です。その他にも，We ran two experiments.（私たちは2つの実験を行いました）や，This computer can't run Windows 10.（このコンピュータは Windows 10に対応していません）といった状況で run を用いることができます。

【run】を使いこなす

 ## 気づきのエクササイズ　　　🕒 10分

次の英文の意味を答え，run に共通する意味を考えよう。

(1)【リレーの選手を選ぶ】He can run fast.

(2)【ロンドン】The Thames runs through London.　*The Thames　テムズ川

(3)【父について】My father runs a small company.

(4)【10年前に買ったので】This computer can't run Windows 10.

共通する意味は（　　　　　　　　　　　　　　　　　　　）

 ## 理解＆表現のエクササイズ　　　🕒 15分

run のコアを意識しながら，次の英文の意味を答えよう。

(1)【我慢できない！】I ran into the bathroom.

(2)【バスの時間】The bus runs every twenty minutes.

(3)【風邪を引いている友達に】Your nose is running.

(4)【祖父について】My grandfather runs a Chinese restaurant.

catch

【コア】動いているものをパッとつかまえる

　catch のコアは,「動いているものをパッとつかまえる」です。典型的には, I caught many fish yesterday.（昨日たくさん魚を釣りました）や, My dog is good at catching a Frisbee.（私のイヌはフリスビーをキャッチするのが得意です）といった場面で用います。その他にも, I caught the last bus in time.（終バスに何とか間に合いました）や, Catch you later!（またね！）といった表現もあります。放課後担任の先生をつかまえなければならない時は, I have to catch my homeroom teacher after school. と言います。

　catch する対象は, 形のあるものとは限りません。I caught a cold. と言えば,「風邪を引きました」となります。自己紹介で相手の名前が聞き取れなかった時は, Sorry, but I didn't catch your name.（お名前が聞き取れませんでした）という表現も使えます。同じパターンで, Sorry, but I didn't catch the last point. と言えば,「話の最後の部分が聞き取れませんでした」となります。その他にも,「彼女の新しい髪型は私の注意を引きました」言う場合は, Her new hairstyle caught my attention. となります。

　catch が元になった形容詞に, catchy があります。これは,「(曲などが)覚えやすい」という意味ですが, 私たちの注意をぱっとつかむ, という感覚です。This song is catchy.（この曲は頭に残りますね）のように使います。その他にも, eye-catching という形容詞があります。これは「人目を引く」という意味で, His colorful T-shirt was eye-catching.（彼のカラフルなTシャツは人目を引きました）のように用いられます。

【catch】を使いこなす

！ 気づきのエクササイズ　　　🕐 10分

次の英文の意味を答え，**catch** に共通する意味を考えよう。

(1)【特技】My dog is good at catching a Frisbee.　　*Frisbee　フリスビー

(2)【質問があるので】I have to catch my homeroom teacher after school.

(3)【変わったね】Her new hairstyle caught my attention.　　*attention　注意

(4)【会話】Sorry, but I didn't catch the last point.　　*the last point　話の最後の部分

共通する意味は（　　　　　　　　　　　　　　　　　　　　　）

 理解＆表現のエクササイズ　　　🕐 15分

catch のコアを意識しながら，次の英文の意味を答えよう。

(1)【体調がすぐれない】I think I caught a cold.

(2)【もっと話したいけど】I have to catch the last bus.

(3)【自己紹介をされたが】Sorry, but I didn't catch your name.

(4)【別れ際】Catch you later!

do

【コア】A に対して B をする

　do のコアは，「A に対して B をする」です。多くの場合，日本語の「〜する」という意味で理解することができます。I forgot to do my homework.（私は宿題をするのを忘れました）や，You did a good job!（いい仕事をしましたね＝頑張りましたね），I did some shopping in Harajuku.（私は原宿で買い物をしました）などがその例です。

　ではここで，I did the dishes. という文の意味を考えてみましょう。ここでは，A に the dishes という名詞が来ています。ここから，常識的には「私はお皿を洗いました」のように，do の意味が推測されます。Do your hair.（髪を整えなさい）や，Do your buttons.（ボタンをしめなさい），My father did psychology at university.（父は大学で心理学を学びました）も同様に，do の意味が文脈によって決まります。このように，日本語の「〜する」では理解できない使い方もあるので，注意が必要です。

　do を使った決まり表現に，Will you do me a favor? があります。a favor はお願い事という意味なので，「（私に）お願いを聞いてもらえますか」という意味になります。高校では，Reading will do you good.（読書をすることは良いです）や，Smoking will do you harm.（喫煙は身体に悪いです）といった表現が出てきますが，これも同様の考え方です。

　do が単独で用いられた場合は，「間に合う・役に立つ」という意味を表します。例えば，I think pizza will do for dinner. は，「夕食はピザで間に合うと思います」という意味になります。

【do】を使いこなす

 # 気づきのエクササイズ　　　　　🕐 10分

次の英文の意味を答え，**do** に共通する意味を考えよう。

(1)【今日までだった！】I forgot to <u>do</u> my homework.

(2)【夕食後】My mother asked me to <u>do</u> the dishes.

(3)【先生からの注意】<u>Do</u> your buttons.

(4)【父について】My father <u>did</u> psychology at university.　*psychology　心理学

共通する意味は（　　　　　　　　　　　　　　　　　）

 # 理解＆表現のエクササイズ　　　　🕐 15分

do のコアを意識しながら，次の英文の意味を答えよう。

(1)【昨日したこと】I <u>did</u> some shopping in Harajuku.

(2)【家を出る前に】I have to <u>do</u> my hair.

(3)【感心しました】You <u>did</u> a good job!

(4)【忙しいところ悪いけど】Will you <u>do</u> me a favor?　*favor　頼み事

hold

【コア】何かを一時的におさえておく

keep

【コア】自分のところに比較的長い間保つ

　hold のコアは，「何かを一時的におさえておく」で，「一時的に」という部分が鍵になります。例えば Please hold the door open. と言えば，「（一時的に）ドアを開けておいてください」という意味合いになります。その他にも，Hold your racket like this.（こんな感じでラケットを握って）や，Hold me tight.（ぎゅっと抱きしめて）といった場面で用いられます。対象の動きが感じられる場合は，「一時的に止める」という意味となります。例えば，Hold your breath.（息を止めて）や，電話での Please hold the line.（切らずに少々お待ちください）といった表現が挙げられます。

　また，The next Olympic Games will be held in Tokyo.（次のオリンピックは東京で開催されます）のように，イベントやミーティングなどを「開催する・開く」という場面でも hold は用いられます。

　一方，keep のコアは，「自分のところに比較的長い間保つ」です。hold と異なり，「比較的長い間」という部分がポイントです。Please keep the door open. と言えば，「ドアを開けっぱなしにしておいてください」となります。その他にも，Can you keep a secret?（秘密を守れますか）や，He kept silent.（彼は黙ったままでした），School keeps me busy.（学校の勉強で忙しいです）といった場面で用いることができます。また，メールなどのやり取りでは，Let's keep in touch.（これからも連絡を取り合いましょう）という表現がよく使われます。互いに関係がつながっている状態（in touch）をこれからも保っていきましょうという感覚です。

【hold & keep】を使いこなす

 ## 気づきのエクササイズ　　　🕐　10分

次の問いに答えよう。解答終了後，ペアになって答えを比較しよう。

(1) 次の英文の意味の違いを考えよう。

 (a) Please <u>hold</u> the door open.

 (b) Please <u>keep</u> the door open.

(2) 日本語に合うように，正しい動詞を選ぼう。

 (a)【犬の話題になったので】何かペットを飼っていますか。

  Do you (hold / keep) any pet?

 (b)【Ｘ線検査】息を止めて。

  (Hold / Keep) your breath.　*breath　息

 ## 理解＆表現のエクササイズ　　　🕐　15分

hold と keep のコアを意識しながら，次の英文の意味を答えよう。

(1)【テニスの練習中】Hold your racket like this.

(2)【卒業しても】Let's <u>keep</u> in touch.

(3)【口が堅いよね】Can you <u>keep</u> a secret?　*secret　秘密

(4)【電話で】Please <u>hold</u> the line.

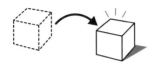

put

【コア】何かをどこかに位置させる

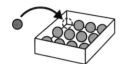

set

【コア】定められた位置に据える

　put と set はどちらも「置く」として理解されますが、例えば、Put the dishes on the table. と Set the dishes on the table. には、どのような違いがあるのでしょうか。

　put のコアは、「何かをどこかに位置させる」です。「何を」「どこに」位置させるのかを示す必要があります。Put the pan over the fire. と言えば、「フライパンを火にかけて」に、I put eye drops in my eyes. は、「私が目薬を差しました」に、He put a sticker on his LINE message. と言えば、「彼は LINE のメッセージにスタンプを押しました」に、Put this word into English. であれば、「この単語を英語に訳しなさい」とそれぞれなります。ここで注意すべき点は、「かける」「差す」「押す」「訳す」というのは put の本質的な意味ではなく、put のコアが特定の文脈で解釈された結果であるということです。

　一方、set のコアは、「定められた位置に据える」です。最初の例に戻ると、Put the dishes on the table. はテーブルの上であればどこに皿を置いても良いのに対し、set を使うと、テーブルマナーを考慮して適切な位置に皿を配置するという感覚になります。set はその他にも、Set your mobile phone to silent mode.（携帯をマナーモードに設定してください）や、My hair doesn't set well today.（今日は髪型が決まりません）、Let's set the date for the meeting.（ミーティングの日を決めよう）といった場面で使えます。決まり表現としては、I'm all set.（準備万端です）があります。

【put & set】を使いこなす

 気づきのエクササイズ　　　🕐　10分

次の問いに答えよう。解答終了後，ペアになって答えを比較しよう。

(1) 次の英文の意味の違いを考えよう。

 (a) Please put the dishes on the table.

 (b) Please set the dishes on the table.

(2) 日本語に合うように，正しい動詞を選ぼう。

 (a) 【明日は絶対に遅刻できない】私は6時にアラームを設定しました。

  I (put / set) the alarm for six.

 (b) 【目が乾いたので】私は目薬を差しました。

  I (put / set) eye drops in my eyes.

 理解＆表現のエクササイズ　　🕐　15分

put と set のコアを意識しながら，次の英文の意味を答えよう。

(1) 【英語のテスト】Put this word into English.

(2) 【部活のミーティング】Let's set the date for the meeting.

(3) 【かわいい！】She put a sticker on her LINE message.　*sticker　スタンプ

(4) 【出発前】I'm all set.

bring

【コア】何かを手にしてある場所に移
動させる

carry

【コア】何かを身につけて持ち歩く

　bring と carry は，ともに移動のイメージをもつ動詞です。

　bring のコアは，「何かを手にしてある場所に移動させる」です。ここで言う「ある場所」は，話し手または聞き手のいる場所，もしくは話題になっている場所を指します。そこに何かを移動させるのが bring の本質です。例えば，Bring your friends to the party.（パーティーに友達を連れて来てよ）では，パーティーが話題の場所になっています。授業でも，Don't forget to bring your textbook next time.（次回教科書を持ってくるのを忘れないでください）と言いますが，次の授業が移動先です。テレビやラジオでは，This program was brought to you by 〜.（この番組は〜の提供でお送りしました）という表現をよく耳にします。英語的な表現として，A few minutes' walk brought us to the station.（徒歩数分で駅に着きました）もあります。

　一方，carry のコアは「何かを身につけて運ぶ」で，運ぶ過程に焦点があります。例えば，My car carries six people. と言えば，車が6人の人を運ぶことができる，つまり「私の車は6人乗りです」となります。その他にも，She always carries her smartphone.（彼女はいつもスマホを持ち歩いています）や，The injured person was carried to the hospital.（怪我人は病院へ搬送されました）といった場面で用いられます。また，carry には「（情報を）伝える」という意味もあります。I carried the news to my friends.（私は友人にそのニュースを伝えました）がその例です。

【bring & carry】を使いこなす

 ## 気づきのエクササイズ　　　　🕐 10分

日本語に合うように適切な動詞を選び, 丸で囲もう。解答終了後, ペアになって答えを比較しよう。

(1)【テレビ】この番組は ABC 社の提供でお送りしました。

This program was (brought / carried) to you by ABC Company.

(2)【家の車】この車は6人乗りです。

This car (brings / carries) six people.

(3)【優しい！】彼は私のスーツケースを運んでくれました。

He (brought / carried) the suitcase for me.

(4)【せっかくだし】彼氏をパーティーに連れて来てよ。

(Bring / Carry) your boyfriend to the party.

 ## 理解＆表現のエクササイズ　　　🕐 15分

bring と carry のコアを意識しながら, 次の英文の意味を答えよう。

(1)【海外旅行前】Don't forget to bring your passport.

(2)【事故の後】The man was carried to the hospital.

(3)【スクープ！】I carried the news to my friends.

(4)【意外に近かった】A few minutes' walk brought us to the station.

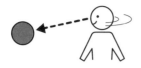

look

【コア】視線を向ける

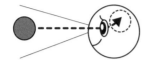

see

【コア】何かを視野にとらえる

　look のコアは「視線を向ける」です。Look at the sky!（空を見て）のように、一般的には前置詞 at を使って視線を向ける先を示します。授業の時には、Please look at the handout.（プリントを見てください）という表現も使われます。また、look には後に形容詞などを伴い、対象の様子を表す用法があります。例えば、You look tired today.（今日は疲れているみたいですね）と言う場合、相手に視線を向けて、その様子が鏡に反射するように伝わってきたという感覚になります。その他にも、look 単独で相手の注意を喚起する機能をもちます。Look, here comes the bus [train].（ねえ、バス［電車］が来たよ）のような使い方です。

　一方、see のコアは「何かを視野にとらえる」です。look が単に視線を向けるだけであるのに対し、see はきちんと対象を目でとらえることが意味されます。例えば、停電が起きて真っ暗になった時は、I can't see anything.（何も見えません）と言うことができます。その他にも、You should see a doctor.（医者に診てもらった方がいいですよ）や、See you tomorrow.（また明日）のように、人に「会う」といった場面でも用いられます。

　look と see の使い分けのポイントは、look したからといって必ずしも see したことにはならないことです。Let's look and see what they are doing.（彼らが何をしているのか見てみよう）と言う場合、まず視線を向けてから対象をとらえるという流れのため、look と see を逆にすることはできません。

【look & see】を使いこなす

 ## 気づきのエクササイズ　　　　　🕐 10分

日本語に合うように適切な動詞を選び，丸で囲もう。解答終了後，ペアになって答えを比較しよう。

(1)【授業中】プリントを見てください。
Please (look at / see) the handout.

(2)【停電】何も見えません。
I can't (look at / see) anything.

(3)【体調悪いみたいだし】医者に診てもらった方がいいですよ。
You should (look at / see) a doctor.

(4)【テーマパークで】見て，パレードが来たよ。
(Look / See), here comes the parade.

 ## 理解＆表現のエクササイズ　　　🕐 15分

look と see のコアを意識しながら，次の英文の意味を答えよう。

(1)【どうしたの？】You look tired today.

(2)【楽しかったです】We saw a movie last weekend.

(3)【どこに行ったのかな】I'm looking for Mr. Yoshida.

(4)【待ち合わせ】I'll see you at the station tomorrow.

listen

【コア】耳を傾ける

hear

【コア】聴覚器官が働き，聞こえる

　listen のコアは，「耳を傾ける」です。I like listening to J-Pop.（私は J-Pop を聴くのが好きです）や，Don't listen to him.（彼の言うことを聞いてはいけません）のように，一般的に前置詞 to を使って耳を傾ける先を表します。また，listen には look と同様に相手の注意を喚起するという機能があります。例えば，相手に話を聞いてもらいたい時は，Listen, I got something to tell you.（ねえ，話したいことがあるのだけど）のように使います。

　一方，hear のコアは「聴覚器官が働き，聞こえる」であり，きちんと音を聴き取ることが含まれます。例えば電話で，Can you hear me?（聞こえますか）という表現が用いられますが，これは自分の言っていることが相手に届いているかを確認したいという意味です。その他にも，誰かから聞いたことを伝える際に，I hear(d) (that) he passed the test.（彼が試験に合格したそうです）と表現できます。決まり表現としては，You heard me wrong.（聞き間違えですよ）もぜひおさえておきたいところです。

　両者のコアをつかむことによって，I listened carefully, but didn't hear anything. の意味が理解できるはずです。注意深く耳を傾けたにも関わらず，何も聞き取れなかったという感覚です。listen と hear の関係は，前に見た look と see の関係とパラレルであることが分かります。listen したからといって，必ずしも hear したことにはならないのです。この点を理解すると，両者を適切に使い分けることができるようになります。

【listen & hear】を使いこなす

 ## 気づきのエクササイズ　　　⏱ 10分

日本語に合うように適切な動詞を選び，丸で囲もう。解答終了後，ペア
になって答えを比較しよう。

(1)【趣味】私は J-Pop を聴くのが好きです。

　　I like (listening to / hearing) J-Pop.

(2)【電話で】声が聞こえますか。

　　Can you (listen to / hear) me?

(3)【大事な話なのに】ねえ，話したいことがあるんだけど。

　　(Listen / Hear), I got something to tell you.

(4)【何かあった？】外から変な音が聞こえました。

　　I (listened to / heard) a strange noise outside.

 ## 理解＆表現のエクササイズ　　　⏱ 15分

listen と hear のコアを意識しながら，次の英文の意味を答えよう。

(1)【英文書き取りテスト】Please listen carefully.

(2)【そんなこと言っていません】You heard me wrong.

(3)【良かった！】I hear that he passed the test.　*pass　合格する

(4)【信用できないですよ】Don't listen to him.

speak

【コア】言語音を出す

talk

【コア】言語でやりとりをする

　speak, talk, say, tell は発話動詞と呼ばれ，多くの生徒にとって使い分けが難しい動詞です。ここでは，speak と talk の違いを見ていきましょう。

　speak のコアは，「言語音を出す」であり，一人で一方向的に声を出すイメージです。後で見る say と異なり，発話する内容には焦点が当たりません。典型的には，Please speak more slowly.（もっとゆっくり話してください）や，She speaks English well.（彼女は英語を話すのが上手です）のように用いられます。誰かから電話がかかってきて，"Can I talk to Kenji?" と言われた場合，ケンジ本人が出た場合は "Speaking." と答えます。この場合，電話口で声を発しているのは本人です，という感覚です。

　一方，talk のコアは「言語でやりとりをする」です。言葉を使って相手と双方向的にやりとりをする感覚です。What are you talking about?（何について話しているの？）や，I would like to talk to Jamie.（Jamie と話がしたいです）といった場面で使われます。決まり表現としては，You just listen to me. Don't talk back.（ただ話を聞いて。口ごたえしないで）といったものがあります。

　両者のコアを理解すると，I want to speak to him. と I want to talk to him. のニュアンスの違いが分かります。speak を使った場合，自分が彼に一方的に言いたいことがあるのに対し，talk を使うと彼と何かについて話し合いたいといった感覚になります。コアを理解することにより，場面に応じて両者を使い分けることが可能となります。

【speak & talk】を使いこなす

 ## 気づきのエクササイズ　　　⏱ 10分

次の問いに答えよう。解答終了後, ペアになって答えを比較しよう。

(1) 次の英文の意味の違いを考えよう。

  (a) I want to speak to him.

  (b) I want to talk to him.

(2) 日本語に合うように, 正しい動詞を選ぼう。

  (a)【何か盛り上がっている】何について話しているの？

    What are you (speaking / talking) about?

  (b)【すごい！】彼女は３ヵ国語を話します。

    She (speaks / talks) three languages.

 ## 理解＆表現のエクササイズ　　　⏱ 15分

speak と talk のコアを意識しながら, 次の英文の意味を答えよう。

(1)【言い訳無用】You just listen to me. Don't talk back.

(2)【聞き取れない】Please speak more slowly.

(3)【海外旅行で】Do you speak English?

(4)【彼女に用事があるけど】She is talking on the phone now.

say

【コア】ある内容を言う

tell

【コア】相手に内容を伝える

　say のコアは,「ある内容を言う」です。speak のコアが「言語音を出す」であるのに対し, say は言う「内容」に焦点を当てた動詞です。内容には, 単語や具体的なセリフ, that 節などが含まれます。例えば, 写真撮影の際, Say "Cheese!"（はい, チーズ）と言いますが, Cheese という具体的な内容を言うという say のコアが活きています。They say that Kei Nishikori is a great tennis player.（錦織圭はすごいテニスプレーヤーだと言われています）の場合は, say の内容が that 節によって表されています。決まり表現としては, Say hi to your parents.（ご両親によろしくお伝えください）のような, say hi to ~ があります

　では, She talked a lot, but didn't say much. はどのような意味でしょうか。ここでは, talk と say が対比的に用いられていますが, 彼女はその場にいた人とたくさん話したが, 内容的に見ると大したことを言っていなかったという意味になります。ここにも talk と say のコアが活きています。

　tell のコアは「相手に内容を伝える」です。talk が双方向的なやりとりを表すのに対し, tell は一方向的に相手にある内容を伝えるという感覚です。典型的には, Tell me the truth.（本当のことを言って）のように,「tell+人＋内容」という形を取ります。友達が富士山に登った話をしてくれた場合は, He told me about climbing Mt. Fuji. となります。また, I told you.（だから言ったよね）や, Tell me, what did you to yesterday?（ねえ, 昨日何をしたの？）といった使い方もあります。

【say & tell】を使いこなす

 ### 気づきのエクササイズ　　　🕐 10分

日本語に合うように適切な動詞を選び，丸で囲もう。解答終了後，ペアになって答えを比較しよう。

(1)【写真撮影】はい，チーズ！
(Say / Tell) "Cheese!"

(2)【やっぱり…】だから言ったよね。
I (said / told) you.

(3)【夏休みの思い出】彼は私に富士山登山について話してくれました。
He (said / told) me about climbing Mt. Fuji.

(4)【さすが】錦織圭は素晴らしいテニスプレーヤーだと言われています。
They (say / tell) that Kei Nishikori is a great tennis player.

 ### 理解＆表現のエクササイズ　　　🕐 15分

say と tell のコアを意識しながら，次の英文の意味を答えよう。

(1)【親友なんだから】Please tell me the truth.　*truth　本当のこと

(2)【いつも発言するのに】She didn't say a word in the meeting.

(3)【友達に】Say hi to your parents.

(4)【興味津々】Tell me, what did you do yesterday?

push

【コア】押す力を加える

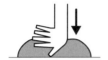

press

【コア】押しつける

　pushとpressは，ともに「押す」という意味をもつ動詞ですが，push のコアが「押す力を加える」であるのに対して，pressのコアは「押しつける」です。pushと異なり，pressには，圧力をかけてぎゅっと押し込むという感覚があります。例えば，Push this button. とPress this button. はどちらも可能ですが，ボタンの押し方に違いが感じられます。

　pushする対象は，典型的にはボタンやドア，人です。She pushed the door open [closed]. と言えば，「彼女はドアを押して開けました[閉めました]」となります。Don't push me. は，物理的に「自分を押さないで」という意味と，「急かさないで」という2つの意味に取れます。その他にも，You should push your point.（言いたいことをもっと主張するべきです）や，We should push him to practice hard.（彼にもっと一生懸命練習をさせるべきです）といった用例があります。また，決まり表現のDon't push yourself too hard.（自分自身を押しすぎるな＝あまり頑張りすぎないで）も日常会話で使えます。

　pressの用例としては，Now, press the enter key.（では，（キーボードの）エンターキーを押してください）や，She pressed her face against the window.（彼女は窓に顔を押しつけました）や，He always presses his opinion on me.（彼はいつも自分の意見を私に押しつけます）といったものが挙げられます。決まり表現としては，I'm pressed for time.（時間に迫われています）もぜひおさえておきたいところです。

【push & press】を使いこなす

Class(　　) No.(　　) Name(　　　　　　　　　)

 ## 気づきのエクササイズ　🕐 10分

次の問いに答えよう。解答終了後，ペアになって答えを比較しよう。

(1) 次の英文の意味の違いを考えよう。

　(a) Please push this button.

　(b) Please press this button.

(2) 日本語に合うように，正しい動詞を選ぼう。

　(a)【何を見ているの？】彼女は窓に顔を押しつけていました。

　　 She was (pushing / pressing) her face against the window.

　(b)【面接室に入る】彼はドアを押して開けました。

　　 He (pushed / pressed) the door open.

 ## 理解＆表現のエクササイズ　🕐 15分

push と **press** のコアを意識しながら，次の英文の意味を答えよう。

(1)【分かっているから！】Don't push me.

(2)【登校前】I have to press my shirt.　*shirt　シャツ

(3)【頑張りすぎの友達に】Don't push yourself too hard.

(4)【休む暇もない！】I'm pressed for time.

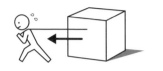

pull

【コア】力を入れてぐいっと引く

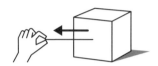

draw

【コア】ゆっくりなめらかに引く

　pull のコアは，「力を入れてぐいっと引く」です。例えば体育祭の綱引きで，Pull the rope harder!（もっと強く綱を引いて！）と言いますが，まさに力を入れて綱をぐいっと引く感覚です。「私たちは雑草を抜く必要があります」と言う場合も，We need to pull out the weeds. となります。また，「ドアを引いて開けてください」と言う際は，Please pull the door open. と表現します。面白い用例としては，I'm pulling for the Giants.（私はジャイアンツを応援しています）というものもあります。これは綱引きの比喩で，自分の応援しているチームが勝つように引くことから，「応援する」となります。

　一方，draw のコアは，「ゆっくりなめらかに引く」です。例えば，Please draw a card from the deck. と言えば，「一組のカードから 1 枚引いてください」となります。ゆっくりなめらかに引くことから draw が用いられています。また，draw は，She is good at drawing pictures.（彼女は絵を描くのが得意です）のように，「（絵などを）描く」という場面で使われますが，それは，鉛筆やペンを紙の上でなめらかに引く（移動させる）ことにより，結果として線が浮かび上がってくるからです。その他の用例としては，I need to draw some money.（お金をおろさないと）や，I'm drawn to her.（彼女に惹かれています）といったものが挙げられます。なお，引き出しを英語では drawer と言いますが，ここにも draw のコアが活きています。

【pull & draw】を使いこなす

 ## 気づきのエクササイズ　　　🕐 10分

次の問いに答えよう。解答終了後，ペアになって答えを比較しよう。

(1) 次の英文の意味の違いを考えよう。

(a) Let's pull the desk.

(b) Let's draw the desk.

(2) 日本語に合うように，正しい動詞を選ぼう。

(a)【トランプ】（1組のカードの中から）1枚引いてください。

Please (pull / draw) a card from the deck.　*deck　1組のカード

(b)【綱引きで】もっと強く綱を引け！

(Pull / Draw) the rope harder!

 ## 理解＆表現のエクササイズ　　　🕐 15分

pull と draw のコアを意識しながら，次の英文の意味を答えよう。

(1)【応援している球団】I'm pulling for the Giants.

(2)【財布が空っぽ】I need to draw some money.

(3)【さすが美術部】She is good at drawing pictures.

(4)【数ヵ月放置したので】We need to pull out the weeds.　*weeds　雑草

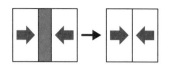

close

【コア】端と端を近づけて閉じる

shut

【コア】すき間なくピシャッと閉める

　closeとshutは，ともに何かを閉めるという意味をもつ動詞ですが，例えば，He closed the door.とHe shut the door.には，どのような違いがあるでしょうか。closeのコアが「端と端を近づけて閉じる」であるのに対し，shutのコアは，「すき間なくピシャッと閉める」です。したがって，closeの場合は普通にドアを閉めるのに対して，shutを使うと瞬間的にバタンと閉める感覚になります。同様に，Close your mouth.は普通に口を閉じることを表すのに対し，Shut your mouth.には，すぐに黙れという強いニュアンスが感じられます。

　closeの主な用例としては，Close your textbook.（教科書を閉じなさい）やClose your eyes.（目を閉じなさい）が挙げられます。また，「お店があと15分で閉まります」と言う場合は，The store is closing in fifteen minutes.と言います。その他にも，close a file（コンピュータのファイルを閉じる）やclose a conversation（会話を終える），close a meeting（会議を終える）といった場面で使うことができます。

　shutは，Please shut the curtain tight.（カーテンをちゃんと閉めてください）や，I shut my finger in the door.（ドアに指をはさんでしまいました），I don't know how to shut this umbrella.（この傘の閉じ方が分かりません）といった場面で使われます。shut ＋ A ＋ out of ～の形で，「～からAを閉め出す」という意味を表します。例えば，Let's shut the cat out of the room.と言えば，「部屋からネコを閉め出そう」となります。

【close & shut】を使いこなす

Class（　　）　No.（　　）　Name（　　　　　　　　　）

 ## 気づきのエクササイズ　　　　⏱ 10分

次の問いに答えよう。解答終了後，ペアになって答えを比較しよう。

(1) 次の英文の意味の違いを考えよう。

　(a) He closed the door.

　(b) He shut the door.

(2) 日本語に合うように，正しい動詞を選ぼう。

　(a)【閉店間際】あと数分でお店が閉まります。

　　　The store will (close / shut) in a few minutes.

　(b)【寝ているのに猫が邪魔…】猫を寝室から出しましょう。

　　　Let's (close / shut) the cat out of the bedroom.

 ## 理解＆表現のエクササイズ　　　⏱ 15分

close と shut のコアを意識しながら，次の英文の意味を答えよう。

(1)【痛すぎる！】I shut my finger in the door.

(2)【サプライズプレゼント】Close your eyes and count five.

(3)【戸締り用心】Please shut the curtain tight.　*curtain　カーテン

(4)【情報の授業】Now, save the file and close it.　*file　ファイル

fall

....

【コア】落下する

drop

....

【コア】ぽとんと落ちる（落とす）

　fall のコアは，「落下する」です。例えば，The snow began to fall.（雪が降り始めました）や，Look, colored leaves are falling.（見て，紅葉が散っているよ）といった状況で使います。「電車で寝てしまいました」は，I fell asleep on the train. と言います。また，「恋に落ちる」は fall in love で，「恋が冷める」は fall out of love と表現します。なお，fall は垂直方向の落下だけではなく，Be careful not to fall.（倒れないように気をつけて）のような状況にも用いられます。

　一方，drop のコアは，「ぽとんと落ちる（落とす）」です。例として，You dropped something.（何か落としましたよ）や，Please drop me at the next stop.（次の信号で降ろしてください），Please drop me a line.（連絡をください）が挙げられます。面白い表現として，My jaw dropped when I heard the news.（その知らせを聞いて驚きました）があります。あごが驚きのあまりがくんと下がる様子が見て取れます。

　では，The temperature fell / dropped ten degrees this morning. の違いは何でしょうか。fall の場合は，単純に気温が10℃下がったことが表されますが，drop の場合は急激に気温が低下したという意味合いになります。

　文法的に見ると，fall には自動詞（〜が落下する）の用法しかないのに対して，drop には自動詞（〜がぽとんと落ちる）と他動詞（〜をぽとんと落とす）の用法があります。したがって，You dropped your handkerchief.（ハンカチを落としましたよ）の dropped を fell にすることはできません。

【fall & drop】を使いこなす

Class(　　)　No.(　　)　Name(　　　　　　　　　　)

 気づきのエクササイズ　　　　　　　　🕐 10分

次の問いに答えよう。解答終了後，ペアになって答えを比較しよう。

(1) 次の英文の意味の違いを考えよう。
- (a) The temperature dropped ten degrees this morning.　*temperature 気温
- (b) The temperature fell ten degrees this morning.　*degrees ℃

(2) 日本語に合うように，正しい動詞を選ぼう。
- (a)【綺麗！】見て，紅葉が散っています。
  Look, colored leaves are (dropping / falling).
- (b)【通行人に】ハンカチを落としましたよ。
  You (dropped / fell) your handkerchief.

 理解&表現のエクササイズ　　　　　　🕐 15分

drop と fall のコアを意識しながら，次の英文の意味を答えよう。

(1)【彼のことが頭から離れない！】I fell in love with him.

(2)【感動的な映画】Tears dropped from my eyes.　*tears 涙

(3)【あれっ!?】I think I dropped my wallet somewhere.　*wallet 財布
　　　　　　　　　　　　　　　　　　　　　　　　*somewhere どこかに

(4)【これから体育なのに…】The rain started to fall.

lift

【コア】まっすぐに持ち上げる

raise

【コア】手にしているものを現状より
も高くする

　lift と raise は，ともに何かを上に上げるというイメージをもっています
が，コアをつかむことによって使い分けることができます。

　lift のコアは，「まっすぐに持ち上げる」です。イギリスではエレベーター
のことを lift と言いますが，まさにそのイメージです。用例としては，He
tried to lift the stone.（彼は石を持ち上げようとしました）や，The
rocket lifted off from Tanegashima Space Center.（ロケットが種子島宇
宙センターから打ち上げられました）といったものがあります。その他にも，
The man lifted a book in the bookstore.（その男性は本屋で本を万引き
しました）や，She lifted her eyes from the textbook.（彼女は教科書か
ら視線を上げました）といった場面で用いることができます。

　一方，raise のコアは，「手にしているものを現状よりも高くする」です。
If you have any questions, raise your hand. と言えば，手を今ある位置
から高くするということから，「質問があったら，手を挙げてください」とい
う意味になります。raise は形のあるもの以外にも，Don't raise your
voice.（声を張り上げないで）や，Anger will raise your blood pressure.
（怒ると血圧が上がりますよ）といった場面で用いることができます。また，
raise のコアは，「〜を育てる」という意味にも展開します。I was born
and raised in Niigata.（私は新潟で生まれ育ちました）という表現は，自
己紹介の定番表現です。なお，raise は他動詞なので，自動詞の rise と混同
しないよう注意が必要です。

【lift & raise】を使いこなす

Class (　　) No. (　　) Name (　　　　　　　　)

 ## 気づきのエクササイズ　　🕐 10分

日本語に合うように適切な動詞を選び，丸で囲もう。解答終了後，ペアになって答えを比較しよう。

(1) 【英語の授業中】質問があったら，手を挙げてください。
If you have any questions, (lift / raise) your hand.

(2) 【緊急出動】ヘリコプターは地上から飛び立ちました。
The helicopter (lifted / raised) off from the ground.

(3) 【募金活動】彼らはチャリティーのために募金を集めています。
They are (lifting / raising) money for a charity.

(4) 【サッカー初心者】私はサッカーボールを地面から拾い上げられません。
I can't (lift / raise) a soccer ball from the ground.

 ## 理解＆表現のエクササイズ　　🕐 15分

lift と raise のコアを意識しながら，次の英文の意味を答えよう。

(1) 【筋トレ】I can lift 30kg of dumbbells.　*dumbbell　ダンベル

(2) 【自己紹介】I was born and raised in Ibaraki.

(3) 【図書館で騒いでいる生徒に】Don't raise your voice here.

(4) 【引っ越し中】Give me a hand! I can't lift this box by myself.

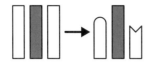

remain

....
【コア】周囲に変化があっても残る

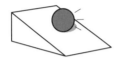

stay

....
【コア】他の場所に行かず，そこに残る

　remain という動詞に馴染みのない生徒も少なくないですが，ぜひおさえ
ておきたい動詞です。remain と stay はともに「残る」という意味で一般
的に理解されていますが，コアをつかむことによって使い分けることができ
ます。He remained / stayed at home. の違いを考えてみましょう。
remain のコアは，「周囲に変化があっても残る」なので，例えば旅行に家
族みんなが行き，彼一人だけが家に残ったという意味合いになります。一方，
stay のコアは，「他の場所に行かず，その場に残る」なので，周囲の人のこ
とは関心にならず，彼はどこにも行かずに家にいた，という意味になります。
　remain の用例として，例えばホームルームでの話し合いの後に She
remained silent. と言えば，他の人は発言したのに彼女は黙ったままだっ
たという意味合いになります。その他にも，If you take 20 from 50, 30
remains.（50から20を引くと，30が残ります）といったものがあります。
なお，野球中継では，Only the last inning remains.（最後のイニングを
残すのみとなりました）という表現も耳にします。
　stay は典型的に，How long are you going to stay in London?（どの
くらいロンドンに滞在するのですか）のように，ある場所に滞在するといっ
た状況で用いられます。他にも，I want to stay in bed all day.（一日中寝
ていたいです）や，The weather will stay fine.（いい天気が続くでしょ
う）といった用例があります。写真撮影をする際は，Stay put. Smile!（動
かないで。笑って！）という表現も使えます。

【remain & stay】を使いこなす

 ## 気づきのエクササイズ　　　🕐 10分

次の問いに答えよう。解答終了後，ペアになって答えを比較しよう。

(1) 次の英文の意味の違いを考えよう。
　(a) He remained at home.
　(b) He stayed at home.

(2) 日本語に合うように，正しい動詞を選ぼう。
　(a)【買い物に行かないと！】冷蔵庫の中には何も残っていませんでした。
　　Nothing (remained / stayed) in the refrigerator.
　(b)【海外研修】私たちはシドニーに2週間滞在する予定です。
　　We are going to (remain / stay) in Sydney for two weeks.

 ## 理解＆表現のエクササイズ　　　🕐 15分

remain と stay のコアを意識しながら，次の英文の意味を答えよう。

(1)【何かあった？】She remained silent.　　*silent　黙った

(2)【留学生に】How long are you going to stay in Japan?

(3)【小学校の同級生】We still remain good friends.

(4)【徹夜明け】I can't stay awake anymore!　　*awake　起きている，aymore　これ以上

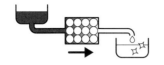

clear

【コア】邪魔なものを取り除く

clean

【コア】汚れがなくきれいにする

　clear と clean は，ともに「きれいにする」といった意味で理解されていますが，両者のコアには明確な違いがあります。それが際立つ用例として，Let's clear the desk. と Let's clean the desk. を考えてみましょう。前者は，例えば教室で文化祭の劇を練習する時に，邪魔にならないよう机をどけるという感覚ですが，後者は机についた汚れを雑巾などで拭き取ってきれいにすることを意味します。同じように，clear the disc と言うと，ディスクに保存されていたデータを消去することになり，clean the disc と言えば，ディスクについた汚れを落としてきれいにする，となります。

　clear でおさえておきたい用例としては，The sky cleared after the typhoon.（台風の後，空が晴れました）や，I took a walk to clear my head.（頭をすっきりさせるために散歩に行きました），He cleared his throat before the presentation.（彼はプレゼンの前に咳払いをしました）などが挙げられます。いずれも空にある雲や，頭の中のもやもや，喉のつっかえなど，邪魔なものを取り除くというイメージが共通しています。

　clean は様々な名詞を目的語に取りますが，日常的に使われるものとして，clean the house（家を掃除する），clean the toilet（トイレを掃除する），clean the kitchen（台所を掃除する），clean one's ear（耳の掃除をする），clean one's teeth（歯を磨く）などが挙げられます。高校生には，I had my uniform cleaned.（制服をクリーニングに出しました）のような，「have＋目的語＋done」を使った用例を提示しても良いでしょう。

【clear & clean】を使いこなす

Class（　　）　No.（　　）　Name（　　　　　　　　　　　　）

 # 気づきのエクササイズ　　　🕐　10分

日本語に合うように適切な動詞を選び，丸で囲もう。解答終了後，ペアになって答えを比較しよう。

(1)【教室で劇の練習をする】机を片付けよう。
Let's (clear / clean) the desks.

(2)【気持ちいい！】私は耳掃除をするのが好きです。
I like (clearing / cleaning) my ears.

(3)【気分転換】私は頭をすっきりさせるために散歩をしました。
I took a walk to (clear / clean) my head.

(4)【耐えかねた母が】今すぐ部屋を掃除しなさい！
(Clear / Clean) your room right now!

 # 理解＆表現のエクササイズ　　　🕐　15分

clear と clean のコアを意識しながら，次の英文の意味を答えよう。

(1)【愛犬を見て】Oh, it's time to clean my dog's teeth.　*teeth　歯

(2)【台風の後】The sky cleared after the typhoon.

(3)【プレゼンの前】He cleared his troat before the presentation.　*throat　喉

(4)【掃除当番】We are cleaning the toilet this week.

Chapter 2

前置詞の指導

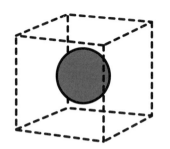

in

....
【コア】空間内に

　in のコアは，「空間内に」です。Put your bags in the locker.（ロッカーにカバンを入れなさい）のように，境界がはっきりした空間に加えて，Boys are running in the rain.（男子が雨の中を走っています）のようなぼやけた空間や，The sun rises in the east.（太陽は東から昇ります）のような平面的な空間にも使われます。

　in は，形のない空間に対しても使うことができます。We are in the tennis club. は「私たちはテニス部に所属しています」という意味です。英語の授業で In English, please. と言われれば，「英語で言ってください」となります。その他にも，I'm in love with him. と言えば，恋という状態の中にいることから，「私は彼に恋をしています」という意味になります。She is in trouble.（彼女は困っています）や，Jogger pants are in fashion now.（今，ジョガーパンツが流行っています）といった用例も同様の考え方です。

　以上に加えて in は，I was born in 2004.（私は2004年に生まれました）や，I like going swimming in summer.（私は夏に泳ぎに行くのが好きです），I always take a shower in the morning.（私はいつも朝シャワーを浴びます）のように，幅のある時間を表す時にも用いることができます。ただし，注意が必要なのが，I'll be back in an hour. のような使い方です。これは今を基準に 1 時間という時間のかたまりがあった後に戻るというイメージなので，「1 時間後に戻ります」という意味になります。なお，「〜以内に」と言う場合は，within を使います。

【in】を使いこなす

 ## 気づきのエクササイズ　　　　🕐　10分

次の英文の意味を答え，in に共通する意味を考えよう。

(1)【邪魔になるので】Put your bags in the locker.

(2)【英語の授業中】In English, please.

(3)【夏と言えば】I love going swimming in summer.

(4)【多分だけど】I think she is in love with him.

共通する意味は（　　　　　　　　　　　　　）

 ## 理解＆表現のエクササイズ　　　🕐　15分

in のコアを意識しながら，次の英文の意味を答えよう。

(1)【ジュースが買えない！】I forgot to put my wallet in my bag.

(2)【最近彼が暗い】I think he is in trouble.

(3)【誕生】I was born in Nagano in 2004.

(4)【待たせて悪いけど】I'll be back in an hour.

on

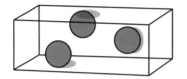

....

【コア】何かに接触して

　on は一般的に「〜の上に」と理解されていますが，そのコアは「何かに接触して」です。コア・イメージにあるように，ある物とある物が接触していれば，向きは関係ありません。例えば，Don't sit <u>on</u> the desk.（机の上に座らないで）や，Look at the painting <u>on</u> the wall.（壁にかかっている絵を見て），A fly is <u>on</u> the ceiling.（天井にハエがとまっています）といった状況で on を用いることができます。

　「接触」という on のコアは，「連続」という意味に展開します。例えば，Please turn <u>on</u> the light. と言えば，回路が接触して電気が連続して流れる状態がイメージされるので，「明かりをつけてください」となります。また，I'm <u>on</u> a diet. と言えば，ダイエットという活動が続いているということから，「私はダイエット中です」という意味になります。

　時間を表す時は，at が時刻を，in が in the morning や in the afternoon のように幅をもった時間を表すのに対し，on は，We have a home economics class <u>on</u> Fridays.（毎週金曜日に家庭科の授業があります）や，I got a new smartphone <u>on</u> my birthday.（誕生日に新しいスマホをもらいました）のように，特定の日を表す際に用いられます。その他にも，He came <u>on</u> time. と言えば，「彼は時間通りに来ました」という意味になります。

　加えて on は，Everthing is <u>on</u> schedule.（全て予定通りに進んでいます）や，Lunch is <u>on</u> me.（ランチをおごるよ），Let's go to the station <u>on</u> foot.（徒歩で駅に行こう）など，様々な場面で使うことができます。

【on】を使いこなす

Class（　　）　No.（　　）　Name（　　　　　　　　　　　　）

 気づきのエクササイズ　🕐　10分

次の英文の意味を答え，**on** に共通する意味を考えよう。

(1)【先生からの注意】Don't sit on the desk.

(2)【見て！】A fly is on the ceiling.　*fly　ハエ，ceiling　天井

(3)【さすがにやばいので】I'm on a diet now.

(4)【やった！】I got a new smartphone on my birthday.

共通する意味は（　　　　　　　　　　　　　　　　　　）

理解＆表現のエクササイズ　🕐　15分

on のコアを意識しながら，次の英文の意味を答えよう。

(1)【パーティーの準備】Please put the glasses on the table.

(2)【ニュースが見たいので】Please turn on the TV.

(3)【毎回楽しみ】We have a P.E. class on Tuesdays and Fridays.

*P.E. class　体育の授業

(4)【お小遣いをもらったので】Lunch is on me.

at

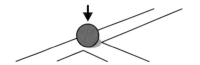

【コア】〜のところに（場所）

　in が広い場所を表すのに対して，at は「点」なので，狭い場所を表す，という理解をしている生徒は少なくありませんが，at のコアは「〜のところに」であり，場所の広さは問題になりません。例えば，友人に I'll wait for you at the cafe. と言えば，「カフェのところで待っています」という意味になり，カフェの入り口あたりが想定されます。一方，ここで in を使うと，「カフェの中で待っています」という意味になります。

　その他にも，車の運転手に Turn right at the next corner. と言えば，「次の角のところで右に曲がってください」となります。授業で先生が，Open your textbook at page 10. と言えば，10ページのところで教科書を開く，つまり「教科書の10ページを開いてください」という意味です。同様に，My mother is at work now. は，母が仕事をしているところにいる，ということから「母は今，仕事中です」となります。He is good at science. は，彼は理科のところで good な状態であるととらえると，「彼は理科が得意です」となります。また，感情を表す表現として，I was surpirised at the news.（私はその知らせに驚きました）もあります。その知らせのところで驚かされたという感覚です。

　at は時間を表す際にも使うことができます。I woke up at five this morning. と言えば，私が5時のところで起きたということから，「私は今朝5時に起きました」となります。このように at は，時刻を表す際に用いられます。その他にも，at first（はじめに）や at last（ついに），at that time（その時）といった表現があります。

【at】を使いこなす

 ## 気づきのエクササイズ　　⏱ 10分

次の英文の意味を答え，**at** に共通する意味を考えよう。

(1)【待ち合わせ】I'll wait for you at the school gate.　*gate　門

(2)【先生からの指示】Open your textbook at page 10.

(3)【まさか】I was surprised at the news.

(4)【授業時間】The first period starts at 8:50.　*period　校時

共通する意味は（　　　　　　　　　　　　　　　　　）

 ## 理解＆表現のエクササイズ　　⏱ 15分

at のコアを意識しながら，次の英文の意味を答えよう。

(1)【道案内】Please turn right at the next corner.

(2)【母がどこにいるか聞かれて】My mother is at work now.

(3)【得意教科】I'm good at math and science.

(4)【今は仲良しですが】I didn't like him at first.

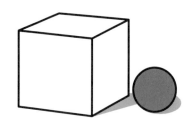

by

【コア】近接して

　by のコアは，「近接して」です。場所を表す時は，「〜のそばに」という意味で理解することができます。例えば，*Stand by Me* という有名な映画がありますが，「私のそばにいて」という意味になります。その他にも，He is standing by the window.（彼は窓のそばに立っています）や，They live by the sea.（彼らは海の近くに住んでいます）といった場面で使うことができます。

　by を時間に応用すると，I'll be back by six. のような表現をすることができます。これは，6時を基準として，その近くまでに戻るということから「6時までには戻ります」という意味になります。

　by の「近接して」というコアは，「〜によって（手段）」という意味に展開します。I go to school by bus [train]. と言えば，「バス［電車］という手段によって通学する」ということから，「私はバス［電車］で通学します」となります。また，会話で相手が言ったことの真意が分からない時に，What do you mean by that? という決まり文句が使われますが，これも「相手が言ったこと（=that）によって，何が意味されるのか」ということから，「どういう意味でしょうか」という意味になります。

　以上に加えて，by は受動態でも用いられます。This novel was written by Haruki Murakami. を例に考えると，［この小説が書かれたこと］のかたわらに村上春樹がいる，ということから「この小説は村上春樹によって書かれました」という考え方となります。ここにも by のコアが活きています。

【by】を使いこなす

 # 気づきのエクササイズ　　　🕒 10分

次の英文の意味を答え，**by** に共通する意味を考えよう。

(1)【彼がどこにいるか聞かれて】He is standing by the window.

(2)【通学手段】I go to school by bus.

(3)【父の誕生日なので】I have to get home by seven today.

(4)【宿題を忘れて】I was scolded by my teacher.　*scold　叱る

共通する意味は（　　　　　　　　　　　　　　　　　　）

 # 理解＆表現のエクササイズ　　　🕒 15分

by のコアを意識しながら，次の英文の意味を答えよう。

(1)【これからも】I'll stand by you.

(2)【ちょっと外出】I'll be back by six.

(3)【何？】What do you mean by that?　*mean　意味する

(4)【おすすめの小説】This novel was written by Soseki Natsume.

to

【コア】何かに向き合って

　to は，「方向」という意味で理解されることが多いですが，そのコアは，「何かに向き合って」です。例えば，Let's sit face to face. は，顔と顔が向き合った状態で座ろう，ということから「向かい合って座りましょう」という意味になります。では，I usually go to school at seven. はどのような意味になるでしょうか。家を出るのが7時なのか，それとも学校に着くのが7時なのでしょうか。ここで to のコアに着目すると，私が学校に向き合うのが7時ということになるので，「私は普段7時に登校します」という意味になります。ここでは，「学校に向かって行った」という「方向」は強調されません。

　その他の用例として，様子がおかしい友人に，What happened to you? と尋ねれば，あなたと向き合って何が起きたのか，つまり「何があったの？」という意味になります。「これがドアの鍵です」と言う時は，This is the key to the door. と表現します。鍵とドアが向き合っている感覚です。このイメージを応用して，ドラマを見た後に This drama was not to my taste. と言えば，このドラマが私の好みと向き合わなかった，というイメージから，「このドラマは私の好みではありませんでした」となります。

　to は，判断や評価の観点を表す時にも用いられます。例えば，Physical exerice is good to your health. と言えば，健康という観点に対して運動が良いという判断がされており，「運動は健康に良いです」という意味になります。Be kind to elderly people. も同様に，高齢者に対して親切な状態であれ，ということから「高齢者に親切にしなさい」となります。

以上に加えて，To my surprise, he got a girlfriend.（驚いたことに，彼に彼女ができました）や，To my disappointment, she failed the test.（残念なことに，彼女は試験に落ちました）といった表現においても，to のコアは活きています。前者は，私が驚いたという感情が，彼に彼女ができたことと向き合っている，という感覚です。後者も同じく，私ががっかりしたという感情が，彼女が試験に落ちたことに向き合っている，というイメージです。

　to を時間に応用すると，It's ten to five. のような表現をすることが可能となります。これは，「時計の針が５時に向かってあと10分のところにある」ということから，「５時10分前（＝４時50分）です」となります。また，I go to school from Monday to Friday.（私は月曜日から金曜日まで学校に行きます）では，「〜まで」という限度を to が表しています。

文法との接続　不定詞

　to が使われる代表的な文法項目に，不定詞があります。一般に，不定詞には「名詞的用法」「形容詞的用法」「副詞的用法」という基本３用法があると教えられますが，コアとの関係から説明されることはほとんどありません。では，to のコアと不定詞にはどのような関係があるのでしょうか。

　まず，名詞的用法の例として，I want to go shopping tomorrow. という文を考えてみましょう。この文では，私が向き合う対象は，「明日買い物に行く（go shopping tomorrow）」という行為です。行為に時間的に向き合うということから，「これからその行為を行う」ことが意味されます。ここから，to do には未来志向的なニュアンスが生じます。以上を踏まえてこの文を見ると，以下のようなイメージで捉えることができます。

I want ） to （ go shopping tomorrow.

　したがって，この文は，私は明日買い物に行く行為に時間的に向き合いたい，つまり「私は明日買い物に行きたいです」という意味になります。

I need someone to help me. という形容詞的用法も同様に，私が誰かを必要としていることが，私を手伝ってくれること（help me）と時間的に向き合っている，と解釈することができるので，「（これから）私を手伝ってくれる人が必要です」という意味になります。Do you have anything to write with? についても，anything と write with が向き合う感覚から，「何か書く物を持っていますか」と理解することができます。

　最後に，副詞的用法の例を見ていきましょう。I'm going to go to Sapporo to see my grandparents. についても，私が札幌に行く予定であることが，祖父母に会うことに時間的に向き合っている関係にあるため，「私は祖父母に会うために札幌に行く予定です」のような「目的」を表す意味になります。I was surprised to hear the news. のような「感情の原因」を表す用例も同様に，私が驚いたことが，その知らせを聞いたこと（hear the news）と向き合っていた，という関係性を見て取ることができます。He grew up to be a great scientist. のような「結果」を表す用法についても，彼が成長したことが，偉大な科学者であることと向き合った，というイメージから「彼は成長して偉大な科学者になりました」と理解することができます。

　be で見たように，to は be to do という形でも用いられます。例えば，They are to arrive here at two. は，「彼らは２時にここに到着することになっている」という「予定」を表しますが，彼らが２時にここに到着することに向き合った状態にある，ととらえることができます。また，You are to follow the captain's orders. は，あなたが部長の命令に従うことに向き合った状態にある，ということから「あなたは部長の命令に従わなければなりません」という「義務」や「命令」を表す意味になります。be to do の形はこの他にも「可能（〜できる）」や「意図・目的（〜するつもり）」，「運命（〜する運命にある）」といった意味を表しますが，ある行為に向き合った状態にあるというコアをつかむと理解することができます。

【to】を使いこなす

Class（　　）　No.（　　）　Name（　　　　　　　　）

 気づきのエクササイズ　　　🕐　10分

次の英文の意味を答え，**to** に共通する意味を考えよう。

(1)【習慣】I go to school at seven.

(2)【話し合い】Let's sit face to face.

(3)【誕生日】We gave a present to our homeroom teacher.

(4)【時刻を確認】It's ten to five.

共通する意味は（　　　　　　　　　　　　　　　）

 理解＆表現のエクササイズ　　　🕐　15分

to のコアを意識しながら，次の英文の意味を答えよう。

(1)【うっかり寝坊】I came to school late today.

(2)【友達が泣いている】What happened to you?

(3)【週6日です】We have class from Monday to Saturday.

(4)【うーむ】This movie was not to my taste.　*taste　好み

with

【コア】何かとともに

　withのコアは，「何かとともに」です。Come with me!（一緒に来て！）や，I went to karaoke with my friends.（友達とカラオケに行きました）のように，「～と一緒に」という意味で用いられることが多いです。カフェでミルクティーを注文する時は，Tea with milk, please. と言います（レモンティーは tea with lemon です）。また，会話をしていて「話についてきていますか」と確認する際は，Are you with me? という表現を使います。Something is wrong with my smartphone. と言えば，「私のスマホは何かがおかしいです」という意味になります。

　with は，「道具・手段」や「（素材や材料）を使って」という意味にも展開します。前者には，Please write with a pen.（ペンを使って書いてください）や，Kill two birds with one stone.（一石二鳥）といった例が挙げられます。後者には，The school ground was covered with snow.（校庭は雪で覆われていました），We made stew with a lot of vegetables.（私たちは野菜がたっぷり入ったシチューを作りました）といった例があります。

　with には，「付帯状況」を表す使い方もあります。例として He was sitting with his arms crossed.（彼は腕組みをして座っていました）という文が挙げられますが，これも「腕が組まれていた状態とともに彼が座っていた」のように，with のコアをもとに解釈することができます。I fell asleep with the TV on. も「テレビが付いていた状態とともに寝てしまった」ということから，「テレビをつけっぱなしで寝てしまいました」となります。

【with】を使いこなす

 ## 気づきのエクササイズ　　　🕐 10分

次の英文の意味を答え，with に共通する意味を考えよう。

(1)【楽しかった】I went bowling with my friends yesterday.

(2)【友達の様子がおかしい】What's the matter with you?

(3)【美味しかった】We made stew with a lot of vegetables.　*stew　シチュー

(4)【ことわざ】Kill two birds with one stone.

共通する意味は　(　　　　　　　　　　　　　　　　)

 ## 理解＆表現のエクササイズ　　　🕐 15分

with のコアを意識しながら，次の英文の意味を答えよう。

(1)【見せたいものがあるので】Come with me!

(2)【マークシート】Please write with a pencil.

(3)【すごい！】The school ground was covered with snow.

(4)【よくフリーズする】Something is wrong with my smartphone.

for

....

【コア】何かに向かって

　for のコアは，「何かに向かって」です。何かを指さすという感覚です。例えば，My father left for Hakata this morning.（父は今朝博多に向け出発しました）には，「博多に向かって」というイメージが見て取れます。電車で，This train is bound for Ueno.（この電車は上野行きです）というアナウンスをよく耳にしますが，これも同様です。具体的な場所以外にも，例えば友達に誕生日プレゼントを贈る時，This is for you.（これをどうぞ）と言います。「これはあなたに向かうべきものです」という感覚です。

　for は，時間を表す場合にも用いることができます。I have studied English for three years.（私は3年間英語を勉強しています）では，3年間という時の流れを for が指しています。We have known each other for a long time.（私たちは長い間お互いを知っています）も同様です。

　また，for には，意味上の主語を表す用法があります。例えば，It is important for you to eat breakfast every morning. という文は，「毎朝朝食を食べることが大切です」という判断が，you に差し向けられていることから，「あなたにとって，毎朝朝食を食べることは大切です」という意味になります。

　for のコアは，「～のために」という意味に展開します。お店で店員に What can I do for you? と聞かれれば，「（あなたのために）何にいたしましょうか」という意味です。Let's give a fawewell party for Mr. Johnson.（ジョンソン先生のためにお別れ会を開きましょう）も同様です。

【for】を使いこなす

！ 気づきのエクササイズ　　　🕐 10分

次の英文の意味を答え，**for** に共通する意味を考えよう。

(1)【修学旅行】We are going to leave for Hokkaido tomorrow.

(2)【電車のアナウンス】This train is bound for Tokyo.

(3)【絶対に寝坊できない】I set the alarm for six.

(4)【お店の店員に】What can I do for you?

共通する意味は （　　　　　　　　　　　　　　　　　　　）

 ## 理解＆表現のエクササイズ　　　🕐 15分

for のコアを意識しながら，次の英文の意味を答えよう。

(1)【プレゼントを渡す】Here's something for you.

(2)【転校する友達に】Let's give a farewell party for her.　*farewell party　お別れ会

(3)【幼馴染み】We have known each other for a long time.

(4)【ALT に質問】What is the English word for "takoyaki?"

of

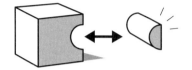

....

【コア】切っても切れない関係

　of のコアは「切っても切れない関係」です。of は，一般的に「A of B」の形で用いられます。Look at the top <u>of</u> the mountain.（山の頂上を見て）を例に考えてみましょう。ここでは the top と the mountain が of によって結ばれていますが，焦点が the top にあるのと同時に，それは山の一部であるという関係があります。つまり，the top と the mountain には，切っても切れない関係があるということになります。

　この考え方に沿っていくつか例を見てみましょう。We are students <u>of</u> ABC High School.（私たちは ABC 高校の生徒です）では，students と ABC High School の間に切っても切れない関係があります。What was the name <u>of</u> the science teacher?（理科の先生の名前は何だっけ？）における，the name と the science teacher も同様の関係です。その他にも，He is the fastest <u>of</u> all.（彼は全員の中で一番足が速いです）といった用例があります。

　では，I'm afraid <u>of</u> cats. は，どのような意味でしょうか。ここには，怖いという気持ち（be afraid）とネコ（cats）の間には切っても切れない関係があるということから，「私はネコが怖いです」という意味になります。I'm tired <u>of</u> studying.（勉強に疲れました）も同様の考え方です。

　以上の他にも of は様々な場面で用いられますが，「of の前後にあるものの間に切っても切れない関係がある」という感覚をもつことで，意味を理解することができるようになります。

【of】を使いこなす

 ## 気づきのエクササイズ　🕐 10分

次の英文の意味を答え，of に共通する意味を考えよう。

(1)【初冠雪】Look at the top of the mountain.

(2)【在籍校】We are students of ABC High School.

(3)【クラスについて】I like the atmosphere of this class.　*atmosphere　雰囲気

(4)【噛まれた経験があるので】I'm afraid of dogs.

共通する意味は（　　　　　　　　　　　　　　　　）

 ## 理解＆表現のエクササイズ　🕐 15分

of のコアを意識しながら，次の英文の意味を答えよう。

(1)【体育祭】We have the Sports Day at the end of June.

(2)【地理】What is the capital of Sweden?　*capital　首都

(3)【健康のために】I drink a glass of milk every day.

(4)【試験前】I'm tired of studying.

under

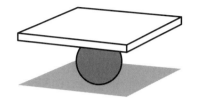

....

【コア】何かの下に

　under のコアは、「何かの下にです」。主な用例として、We had lunch under the tree.（木の下で昼食を食べました）や、Put your bag under the desk.（カバンを机の下に置いてください）、When the earthquake occurred, we hid under the desks.（地震が起きた時、私たちは机の下に隠れました）などが挙げられます。「蛇口に手をかざしてください」は、Put your hands under the tap. と言います。また、People under 18 years old cannot see this movie.（18歳以下の人はこの映画を見ることができません）といった用法もあります。なお、サッカーなどでU-18という言い方しますが、これは under 18（18歳以下）の略です。

　以上に加え、under は、抽象的ものに対しても使うことができます。I'm under great pressure. と言えば、「私に凄いプレッシャーがかかっています」、Everything is under control. は、全てが管理下に置かれているということから、「万事うまくいっています」という意味になります。My smartphone is under repair now. と言えば、「私のスマホは今修理中です」となります。同様に、The building is under construction. は、「その建物は工事中です」となります。また、ホテルやレストランで予約をしている時に使える表現としては、I have a reservation under the name of Sato.（佐藤という名前で予約をしています）が挙げられます。

　以上のように、under は物理的に何かの下にあるという以外に、様々な状況で使われます。コアをつかむことで、使い切ることができるはずです。

【under】を使いこなす

 気づきのエクササイズ   ⏱ 10分

次の英文の意味を答え，**under** に共通する意味を考えよう。

(1)【いい天気だったので】We had lunch <u>under</u> the tree.

(2)【大人向けなので】People <u>under</u> 18 years old cannot see this movie.

(3)【立入禁止】The gym is <u>under</u> construction.   *gym　体育館　construction　工事

(4)【レストランで】I have a reservation <u>under</u> the name of Sato.

                               *reservation　予約

共通する意味は（   **）**

 理解＆表現のエクササイズ   ⏱ 15分

under のコアを意識しながら，次の英文の意味を答えよう。

(1)【邪魔になるので】Put your bag <u>under</u> the desk.

(2)【寒いので】I'm wearing a sweater <u>under</u> my jacket today.   *sweater　セーター

(3)【入試前】I'm <u>under</u> great pressure.   *pressure　プレッシャー

(4)【早く返ってこないかな】My smartphone is <u>under</u> repair now.   *repair　修理

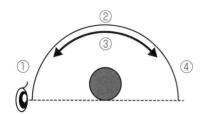

over

....

【コア】弧を描くように覆って

over のコアは、「弧を描くように覆って」です。over は、コア・イメージ上の４つのポイントに焦点を当てることにより、様々な意味に展開します。

①は、The cat jumped over the wall.（ネコが壁を跳び越えました）のように、ある物の「上を越えて行く」感覚です。The bus drove over the bridge. のように、対象は必ずしも直立したものに限りません。また、I'm over 60kg now.（今、体重が60キロを越えています）のように、数値を越える場合にも使うことができます。

②は、対象に対して「真上に」あることを表します。The plane is flying over the Japan Sea now.（現在、飛行機は日本海上空を飛行しています）といった状況で使われます。Look at the bridge over the river.（川にかかっている橋を見て）も同様です。

③は、対象全体を「覆う」イメージです。Put the cloth over the table.（テーブルにクロスをかけて）や、Put your hands over your face.（手で顔を覆って）のように用いられます。スポーツでは、Tigers over Dragons, five to two.（5対2でタイガースがドラゴンズをくだす）のような表現もあります。

最後の④は、「越えた向こうに」という意味を表します。例えば、There is a village over the mountain.（山の向こうに村があります）は、視線が山を越えた先に村があるという状況を表しています。The game is over.（試合は終わりました）についても、試合を越えた先に今ある、という感覚です。

【over】を使いこなす

 ## 気づきのエクササイズ　　　🕐　10分

次の英文の意味を答え，**over** に共通する意味を考えよう。

(1)【すごい！】The cat jumped <u>over</u> the wall.

(2)【機内アナウンス】We are flying <u>over</u> the Japan Sea now.

(3)【いないいないばあ】She put her hands <u>over</u> her face.

(4)【旅行中】There is a village <u>over</u> the mountain.　*village　村

共通する意味は（　　　　　　　　　　　　　　　　　　　）

 ## 理解＆表現のエクササイズ　　　🕐　15分

over のコアを意識しながら，次の英文の意味を答えよう。

(1)【いい景色！】We are driving <u>over</u> the bridge now.

(2)【年齢を当てる】I think he is <u>over</u> forty.

(3)【パーティーの準備】Please put the cloth <u>over</u> the table.　*cloth　クロス

(4)【延長戦に突入したけど】The game is finally <u>over</u>.　*game　試合

through

【コア】何かを通り抜けて

　throughのコアは，「何かを通り抜けて」です。サッカーでスルーパスと言いますが，選手と選手を抜けるパスということで，コアが活きています。

　throughは典型的には，We walk through the park on our way to school.（私たちは通学の時，公園を通り抜けます）や，The car drove through the tunnel.（車がトンネルを抜けました）のように用いられますが，A butterfly came through the window.（窓からチョウが入ってきました）のように，必ずしも筒状の物でなくても構いません。その他にも，I'm half way through the novel.（その小説を半分読んだところです）や，Let's go through the textbook.（教科書を進めましょう）といった用例もあります。電話の場面では，Please put me through to Mr. Tanaka.（田中さんをお願いします）といった表現もよく使われます。

　物理的な対象に加えて，throughは時間を表す時にも使うことができます。We have school Monday through Saturday.（月曜日から土曜日まで学校があります）や，It rained through the whole afternoon.（午後ずっと雨が降りました）といった用例が挙げられます。

　「何かを通り抜けて」というコアは，「〜を通じて」という意味に展開します。例えば，ある話を麻衣から聞いたことを伝える際は，I heard it through Mai.（それは麻衣から聞きました）のように使うことができます。その他にも，You can download the file through this link.（このリンクからファイルをダウンロードすることができます）のような使い方があります。

【through】を使いこなす

 ## 気づきのエクササイズ　　　🕐 10分

次の英文の意味を答え，**through** に共通する意味を考えよう。

(1) 【通学路】We walk through the park on our way to school.

(2) 【あれっ】A buttefly came through the window.　*butterfly　チョウ

(3) 【英語の先生が】Let's go through the textbook.

(4) 【午後体育だったのに】It rained through the afternoon.

共通する意味は（　　　　　　　　　　　　　　　　）

 ## 理解＆表現のエクササイズ　　　🕐 15分

through のコアを意識しながら，次の英文の意味を答えよう。

(1) 【バスで移動中】The bus is driving through the tunnel.　*tunnel　トンネル

(2) 【週5日です】We have school Monday through Friday.

(3) 【誰からその話を聞いたの？】I heard it through her.

(4) 【ようやく失恋のショックから回復】I went through a hard time.

across

【コア】平面を横切って

　across のコアは，「平面を横切って」です。across を使いこなすために
は，「移動」「視線」「状態」という３つの視点を意識することが大切です。
　まず，「移動」については，Let's walk across the street.（通りを横切
って渡りましょう）や，Many students came across the nation to
attend the National Athletic Meet.（国体に参加するために，多くの生
徒が国中からやって来ました）といった用例が挙げられます。
　次に，There is a cherry tree across the road. という英文を考えてみ
ましょう。この英文には２通りの解釈があります。「視線」という視点から
考えると，「道路を横切った先に桜の木があります」という意味になります。
これは，視線が移動した先に木が立っている，という感覚です。もう１つの
解釈は，「桜の木が道路をふさいでいます」となります。これは，強風など
で桜の木が倒れ，道路に交差した「状態」になっている状況を表します。
　「視線」の更なる例としては，The subway station is across from the
bank.（地下鉄の駅は銀行の向かいです）や，I saw him across the
street.（通りの向こうに彼が見えました）などが挙げられます。
　「状態」の例としては，There is a bridge across the river.（川に橋がか
かっています）や，He is sitting across the table from me.（彼は私の向
かい側に座っています）が挙げられます。
　このように，「移動」に加えて「視線」や「状態」という視点をもつこと
で，幅広い場面で across を使うことができるようになります。

【across】を使いこなす

Class（　　）　No.（　　）　Name（　　　　　　　　　　　）

 ## 気づきのエクササイズ　　　　🕐　10分

次の英文の意味を答え，**across** に共通する意味を考えよう。

(1)【すごい交通量】We can't walk <u>across</u> this street.

(2)【食堂で】He sat <u>across</u> the table from me.

(3)【ドライブ中】Can you see a bridge <u>across</u> the river?

(4)【文化は違えど】Dancing is popular <u>across</u> cultures.　*popular　人気がある

共通する意味は（　　　　　　　　　　　　　　　　　）

 ## 理解＆表現のエクササイズ　　　　🕐　15分

across のコアを意識しながら，次の英文の意味を答えよう。

(1)【ショートカット】Let's go <u>across</u> the park.

(2)【地下鉄の駅】The subway station is <u>across</u> from here.　*subway　地下鉄

(3)【車が通れない】There is a big tree <u>across</u> the road.

(4)【偶然】I came <u>across</u> with my homeroom teacher at the supermarket.

along

【コア】何かに沿って

　alongのコアは，「何かに沿って」です。acrossと同じように，「移動」「視線」「状態」という３つの視点を意識することにより，幅広い場面で使いこなすことができます。

　まず「移動」については，We took a walk along the railroad.（私たちは線路に沿って散歩をしました）や，I like running along the beach.（ビーチに沿って走るのが好きです）のような用例が挙げられます。加えて，Come along with me.（私と一緒に来て）という表現もおさえておくと良いでしょう。自分が移動する方向に沿って来て，という感覚です。物理的な移動以外にも，I'm getting along well with my classmates.（クラスメイトと仲良くやっています）のような場面で使うことができます。Everything is going along well.（物事は順調に進んでいます）も同様です。

　次に「視線」の例として，There is a post office along the street.（通りに沿って行くと郵便局があります）が挙げられます。視線が通りに沿うように向けられた先に郵便局がある，という感覚です。

　「状態」の例としては，There are many ginkgo trees along the street.（通り沿いにたくさんの銀杏の木があります）や，You can see many shops along the station road.（駅前通りにはたくさんのお店があります）があります。いずれの場合も，銀杏の木やお店が通りに沿って立っている状態にある，ということです。

【along】を使いこなす

Class（　　） No.（　　） Name（　　　　　　　　　　）

 ## 気づきのエクササイズ　　　　　🕙 10分

次の英文の意味を答え，**along** に共通する意味を考えよう。

(1)【暇だったので】We took a walk <u>along</u> the railroad.　*railroad　線路

(2)【買い物】There are many shops <u>along</u> the station road.

*station road　駅前通り

(3)【カラオケで】Please sing <u>along</u> with me.

(4)【文化祭の準備について】Everything is going <u>along</u> well.

共通する意味は（　　　　　　　　　　　　　　　　）

 ## 理解＆表現のエクササイズ　　　　🕙 15分

along のコアを意識しながら，次の英文の意味を答えよう。

(1)【歩く会】We walked <u>along</u> the beach.

(2)【花見スポット】You can see many cherry trees <u>along</u> this road.

(3)【新しいクラスにも慣れて】I get <u>along</u> well with my classmates.

(4)【見せたいものがあるんだ】Come <u>along</u> with me.

around

....
【コア】何かの周囲に

　around のコアは「何かの周囲に」で，対象をぐるっと取り囲むイメージです。around も across や along と同様に，「移動」「視線」「状態」という３つの視点を意識することで，使いこなすことができます。

　まず，「移動」の例としては，The earth moves around the sun.（地球は太陽の周りをまわります）や，I'll take you around the city.（街を案内しますよ），I want to travel around Japan.（私は日本中を旅したいです）が挙げられます。対象をぐるっと囲むように移動するというイメージです。

　次に「視線」の例として，There is a nice cafe around the corner.（角を曲がったところに素敵なカフェがあります）が挙げられます。これは，物理的に移動するのではなく，視線が角をぐるっとまわった先にカフェがあるというイメージです。時間にも応用することができ，Golden Week [My birthday] is just around the corner. と言えば，「ゴールデンウィーク［誕生日］がもうすぐです」という意味になります。

　最後に「状態」の例としては，There are many lakes around Mt. Fuji.（富士山のまわりにはたくさんの湖があります）や I'll be around.（この辺にいます）などが挙げられます。決まり文句としては，See you around.（またね）もあります。また，時間を表す際，It's already around ten.（もう10時近くです）のように表現することができます。ちなみに，24時間営業のお店の場合は，The shop is open around the clock. と言います。

　「移動」「視線」「状態」を意識し，様々な場面で around を使いましょう。

【around】を使いこなす

！ 気づきのエクササイズ　　🕐 10分

次の英文の意味を答え，**around** に共通する意味を考えよう。

(1)【理科】The earth moves <u>around</u> the sun.

(2)【いつかやりたい】I want to travel <u>around</u> Japan.

(3)【ぜひ行ってみて】There is a nice cafe <u>around</u> the corner.

(4)【トイレに行く友達に】I'll be <u>around</u>.

共通する意味は（　　　　　　　　　　　　　　）

 ## 理解＆表現のエクササイズ　　🕐 15分

around のコアを意識しながら，次の英文の意味を答えよう。

(1)【留学生を誘う】I'll take you <u>around</u> the city.

(2)【今何時？】It's alrady <u>around</u> ten.

(3)【楽しみ】My birthday is just <u>around</u> the corner.

(4)【別れ際】See you <u>around</u>.

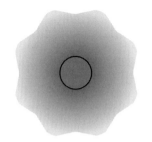

about

【コア】何かの周辺に，あたりに

　about のコアは，「何かの周囲に，あたりに」です。何かの周囲に漠然とあるといったイメージです。

　Let's walk about Shinjuku. と言えば，「新宿をぶらぶらしよう」という意味です。around を使うと，行く地点を決めてぐるっと新宿を回ることがイメージされるのに対して，about を使うとあてもなくぶらぶらするという感覚になります。Let's sit around the table.（テーブルの周りに座ろう）と，Let's sit about the table.（テーブルのあたりに座ろう）も同様です。

　about は，This is a book about American culture.（これはアメリカ文化についての本です）のように，「〜について」という意味でもよく使われます。ここでは on を使って表現することもできますが，about には「漠然と何かの周囲に」というコアがあるため，アメリカ文化を中心とした様々な話題が扱われるのに対し，on を用いると「ある話題から離れず接触して」という感覚になるため，アメリカ文化論のような専門的な本となります。

　およその時間を表す際，It's around five. でも，It's about five. でも実質的に意味の差はありませんが，「そろそろ時間だ」と言う場合は，It's about time. とは言いますが，It's around time. とは言いません。

　日常会話でよく用いられる表現としては，We are about to leave.（出発するところです）のような be about to do 〜 をおさえておくと良いでしょう。「〜する状態のあたりにいる」，ということから「（これから）〜するところです」という意味になります。

【about】を使いこなす

 ## 気づきのエクササイズ　　　🕐 10分

次の英文の意味を答え，about に共通する意味を考えよう。

⑴【元気だね】Children are running about the park.

⑵【すごく盛り上がっている】What are you talking about?

⑶【帰りの時間】I'll be back about seven.

⑷【すごいタイミング】I was about to call you.

共通する意味は（　　　　　　　　　　　　　　　）

 ## 理解＆表現のエクササイズ　　　🕐 15分

about のコアを意識しながら，次の英文の意味を答えよう。

⑴【特に予定もないし】Let's walk about Shinjuku.

⑵【プレゼン】I gave a presentation about Japanese culture.

⑶【時間を教える】It's about seven o'clock now.

⑷【部活も終わったし】We are about to go home.

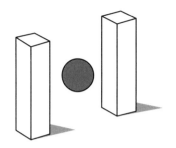

between

【コア】2つのものの間に

　betweenのコアは，「2つのものの間に」です。典型的には，between A and Bの形で，Let's move the desk between the sofa and the TV.（ソファとテレビの間に机を移動しよう）のように使われます。「歯に何かがはさまりました」と言う時は，Something stuck between my teeth. となります。I'll see you between three and four o'clock. と言えば，「3時から4時の間に伺います」という意味です。また，どちらとも答えられない質問をされた時は，My answer is somewhere in between.（どちらとも答えられません）と言います。

　以上に加え，betweenは「AやらBやら（Cやら）で」のように，物事を列挙する際にも用いられます。例えば，I spend my time every day between going to school, practicing tennis, and walking my dog. は，「私は毎日，学校に行き，テニスの練習をし，犬を散歩に連れて行きます」という意味です。

　日常会話では，Between you and me, という表現が文の出だしによく使われます。文字通りあなたと私の間ということから，「ここだけの話だけど」という意味です。Between ourselves も同様の意味を表します。

　betweenに関連して，among もぜひおさえておきたい前置詞です。betweenが「2つのものの間に」であるのに対して，among のコアは，「複数のものの間に囲まれて」です。したがって，I couldn't find him among the crowd. と言えば，「人込みの中で彼を見つけることができませんでした」という意味になります。

【between】を使いこなす

 ## 気づきのエクササイズ　　　🕐　10分

次の英文の意味を答え，**between** に共通する意味を考えよう。

(1)【本屋の場所】The bookstore is <u>between</u> the restaurant and the bakery.

(2)【I likedogs と書いてしまった】Put a space <u>between</u> "like" and "dogs".

(3)【色の説明】Lime is <u>between</u> yellow and green.　　*lime　ライム

(4)【質問】What is the difference <u>between</u> college and university?

*difference　違い

共通する意味は（　　　　　　　　　　　　　　　　　　　　）

 ## 理解＆表現のエクササイズ　　　🕐　15分

between のコアを意識しながら，次の英文の意味を答えよう。

(1)【模様替え】Let's move the desk <u>between</u> the sofa and the TV.

(2)【待ち合わせ】I'll see you <u>between</u> three and four o'clock.

(3)【秘密】This is <u>between</u> you and me.

(4)【迷う！】I can't choose <u>between</u> the two.　*choose　選ぶ

above

....

【コア】ある基準よりも高い位置に

　above のコアは，「ある基準よりも高い位置に」です。「ある基準と比較して」がポイントであり，落差が強調されます。

　The sun is above the horizon. と言えば，地平線を基準として太陽が高い位置にある，つまり「太陽が地平線の上にあります」となります。His apartment is above the cafe. も同様に，カフェの位置が基準となるため，「彼のアパートはカフェの上にあります」という意味になります。Please take a look at the table above. と言えば，「上の表を見てください」です。

　テストの点数が平均点を越えた場合は，My score was above average. と言います。その他にも，I think he is above 30 years old. と言えば，「彼は30歳を越えていると思います」という意味になります。テストで解けない問題が出てきた時は，This problem is above me. と言います。自分の能力を基準として，問題がそれよりも上にあるというイメージから，「この問題にはお手上げです」となります。

　決まり表現としては，above all をぜひおさえておきましょう。全てのもの（all）よりも高い位置にあるということから，「何よりも，とりわけ」という意味になります。例えば，I love Japanese food. Above all, tempura is my favorite.（私は和食が大好きです。とりわけ天ぷらが好きです）のように使います。

　above に馴染みのない生徒は少なくありませんが，コアを理解することによってより身近な場面で使うことができるようになるはずです。

【above】を使いこなす

Class (　　) No. (　　) Name (　　　　　　　　　　　　)

 気づきのエクササイズ　　　　🕐 10分

次の英文の意味を答え，above に共通する意味を考えよう。

(1)【1日の始まり】The sun is <u>above</u> the horizon.　*horizon　地平線

(2)【プレゼン】Pleae take a look at the table <u>above</u>.　*table　表

(3)【暑かった】The temperature went <u>above</u> 30 degrees.

(4)【好きな食べ物】I love Japanese food. <u>Above</u> all, *tempura* is my favorite.

共通する意味は（　　　　　　　　　　　　　　　　　　）

 理解＆表現のエクササイズ　　　　🕐 15分

above のコアを意識しながら，次の英文の意味を答えよう。

(1)【飛行機から窓の外を見る】We are flying <u>above</u> the clouds.　*cloud　雲

(2)【やった！】My score was <u>above</u> average.　*average　平均点

(3)【何歳かなぁ】I think he is <u>above</u> 30 years old.

(4)【ネットカフェの場所】The Internet cafe is <u>above</u> the convenience store.

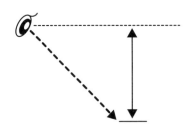

below

【コア】ある基準よりも低い位置に

　below は above と対を成す前置詞で，そのコアは「ある基準よりも低い位置に」です。「ある基準よりも」という部分がポイントです。

　例えば，The sun is below the horizon. の場合，基準となる水平線よりも下に太陽が位置しているということから「太陽が沈みました」という意味になります。飛行機から窓を覗いていて，Look, you can see Lake Biwa below.（ほら，下に琵琶湖が見えるよ）と言えば，今いる地点よりも下に琵琶湖があるという状況が表されています。

　テストの問題に，Answer the questions below. と書かれていれば，「以下の問いに答えなさい」という意味です。また，テストで平均点以下を取ってしまった場合は，My score was below average.（私の点数は平均点以下でした）となります。The temperature went down below zero this morning. と言えば，「今朝気温が0℃以下になりました」という意味です。

　福澤諭吉の「学問のすすめ」には，「天は人の上に人を造らず，人の下に人を造らずと云えり」という有名な一節があります。これを英訳すると，It is said that heaven does not create one man above or below another man. となります。ここでは，基準からの高さ・低さを表す above と below がともに用いられていますが，ある人（another man）を基準として，その上にも下にも人は造られないというイメージです。こういった文がスラスラと言えるとかっこいいですね。

【below】を使いこなす

Class（　　）　No.（　　）　Name（　　　　　　　　　　）

 ## 気づきのエクササイズ　　　🕒 10分

次の英文の意味を答え，**below** に共通する意味を考えよう。

⑴【すっかり暗くなりました】The sun is <u>below</u> the horizon.　*horizon　地平線

⑵【身長】His height is <u>below</u> 170 cm.

⑶【制服の着こなし】Girls are wearing skirts <u>below</u> their knees.　*knee　膝

⑷【テストの問題文】Answer the questions <u>below</u>.

共通する意味は（　　　　　　　　　　　　　　）

 ## 理解＆表現のエクササイズ　　　🕒 15分

below のコアを意識しながら，次の英文の意味を答えよう。

⑴【飛行機からの景色】Look, we can see Lake Biwa <u>below</u>.

⑵【テスト返却】My score was <u>below</u> average.

⑶【寒い！】The temperature went down <u>below</u> zero this morning.

⑷【プレゼン】Please take a look at the table <u>below</u>.　*table　表

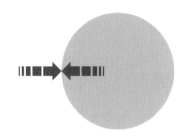

against

....
【コア】何かに対抗して

　againstのコアは「何かに対抗して」です。馴染みのない生徒も少なくありませんが，様々な場面で使うことができる前置詞です。

　例えば，We walked against the crowd. は，「私たちは人の流れに逆らって歩きました」という意味ですが，自分たちの進行方向が他の人の方向と対抗しているというコアが活きています。The ship sailed against the wind. も同様に，「その船は風に逆らって進みました」という意味です。pressで取り上げた，She pressed her face against the window.（彼女は窓に顔を押しつけました）にも「対抗して」というイメージが投影されています。部活で「私たちはABC中学校と試合をしました」と言う時は，We played a match against ABC Junior High School. と表現します。

　againstは，forとともに，ある事柄に対する「賛成・反対」を表す際にしばしば用いられます。例えば，Are you for or against his plan? と言えば，「あなたは彼の計画に賛成ですか，反対ですか」という意味になります。forは「何かに向かう」というコアをもつことから「賛成」に，againstは「対抗」を表すので「反対」となります。「私は彼の計画に反対です」と言う場合は，I'm against his plan. となります。また，「彼女は私のアドバイスに従いませんでした」と言う時は，She went against my advice. と言います。誰かが校則違反をした時は，That's against the school rules.（それは校則違反です）と言うことができます。

【against】を使いこなす

Class（　）　No.（　）　Name（　　　　　　　　）

 ## 気づきのエクササイズ　🕒 10分

次の英文の意味を答え，**against** に共通する意味を考えよう。

(1)【何を見ているの？】She pressed her face <u>against</u> the window.

(2)【船で移動中】The ship sailed <u>against</u> the window.　*sail（船が）進む

(3)【計画に対する意見】I'm <u>against</u> the plan.　*plan 計画

(4)【あれだけ言ったのに…】She went <u>against</u> my advice.　*advice アドバイス

共通する意味は（　　　　　　　　　　　　　　）

 ## 理解＆表現のエクササイズ　🕒 15分

against のコアを意識しながら，次の英文の意味を答えよう。

(1)【向きを間違えた】We walked <u>against</u> the crowd.　*crowd 人込み

(2)【暴風雨】The rain was hitting <u>against</u> the windows.

(3)【部活の試合】We played a match <u>against</u> ABC Junior High School.

(4)【彼女の意見について】Are you for or <u>against</u> her opinion?

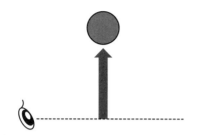

up

....

【コア】ある基準よりも上の方に移動する

up のコアは, 「ある基準よりも上の方に移動する」です。典型的には, He climbed up the tree. (彼は木に登りました) や, Please stand up. (立ってください) や, Going up? ([エレベーターで] 上に行きますか) といった場面で使われます。I got up at seven this morning. と言えば, 体が起きている状態になった, ということから「今朝7時に起きました」となります。I stayed up late last night. (昨日夜更かしをしました) も同様です。また, 数を数える時は, Count up to 10. (10まで数えて) という言い方もします。

up は, 「現れる」という意味にも展開します。例えば, She didn't show up today. と言えば, 「彼女は今日来ませんでした」になります。また, 日常会話でよく使われる What's up? も, 何かがある状況に出てくるというイメージから, 「何かあった？」や「元気？」という意味を表します。

以上に加え, up は, 「しっかり, ちゃんと」という意味を表します。I cleaned up my room. と言うと, しっかり部屋の掃除をしたというニュアンスが強く出ます。同様に, They ate up all the dishes. と言えば, 「彼らは料理を食べつくしました」という意味です。

さらに up は, 「動作の終了」を表します。例えば小テストを受けていて, 先生が Time is up. と言えば, 「終了です」という意味になります。

up は多くの基本動詞と結びついて, 句動詞を作ります。I give up! (降参です) や, We broke up. (私たちは別れました), Look up the word in your dictionary. (辞書でその単語を引いて) が挙げられます。

【up】を使いこなす

 ## 気づきのエクササイズ　🕒 10分

次の英文の意味を答え，up に共通する意味を考えよう。

(1)【木に引っかかった風船を取りに】He climbed up the tree.

(2)【YouTube を見ていてつい】I stayed up late last night.

(3)【何かあったのかなぁ】She didn't show up today.

(4)【テストで】Time is up.

共通する意味は（　　　　　　　　　　　　　　　　）

 ## 理解＆表現のエクササイズ　🕒 15分

up のコアを意識しながら，次の英文の意味を答えよう。

(1)【昨夜早く寝たからかな】I got up at five this morning.

(2)【何やら話している友人に】What's up?

(3)【年末の大掃除】I cleaned up my room.

(4)【知らない単語が出てきた時は】Look up the word in the dictionary.

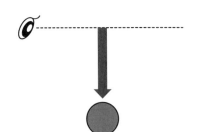

down

【コア】ある基準よりも下の方に移動
する

　downのコアは，「ある基準よりも下の方に移動する」です。多くの生徒にとって馴染みのある前置詞ですが，様々な場面で使うことができます。

　典型的には，He ran down the stairs.（彼は階段を駆け降りました）や，This elevator goes down.（このエレベーターは下に行きます），Please sit down.（座ってください）といった場面で使われます。修学旅行で京都へ行き，その後に奈良へ行った場合は，We went from Kyoto down to Nara.のように表現します。ここでは，北から南への移動が示されています。その他にも，My weight went down 10kg from last year.（体重が去年より10kg減りました）といった表現があります。人の気持ちや気分に関連した表現として，Don't let me down.（がっかりさせないで）や，He's feeling down today.（彼は今日落ち込んでいます），Calm down!（落ち着いて！）といったものもぜひおさえておくと良いでしょう。

　downのコアは，「安定させる・固定させる」という意味にも展開します。Let's get down to work.は，「しっかり勉強に取り掛かろう」という意味です。また，先生が授業中にPlease write this down.と言えば，「これを書き留めてください」となります。紙の上に情報を固定するという感覚です。

　downは基本動詞と組み合わさって句動詞を形成します。例として，My computer *broke* down.（コンピュータが壊れました），Let's *take* down the tent.（テントをたたみましょう），*Keep* your voice down.（静かにしていて）などが挙げられます。

【down】を使いこなす

！ 気づきのエクササイズ　　　🕐 10分

次の英文の意味を答え，**down** に共通する意味を考えよう。

(1) 【急いでいたのかな】He ran down the stairs.　*stairs　階段

(2) 【ダイエット中】My weight went down 10 kg last year.　*weight　体重

(3) 【期待しているから】Don't let me down.

(4) 【休み時間も終わったし】Let's get down to work.　*work　勉強

共通する意味は（　　　　　　　　　　　　　　　　）

理解＆表現のエクササイズ　　　🕐 15分

down のコアを意識しながら，次の英文の意味を答えよう。

(1) 【エレベーターの行き先】This elevator goes down.

(2) 【やる気が起きない】I'm feeling down today.

(3) 【先生からの指示】Please write this down.

(4) 【情報の授業が終了】Please shut down the computer.

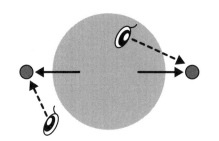

out

【コア】空間の外に

　「空間内」を表す in に対して，out のコアは「空間の外に」です。例えば，Ms. Yamazaki is <u>out</u> now. と言えば，山崎先生は今，学校という空間の外にいる，つまり「山崎先生は今外出中です」となります。試合でレギュラーから外れる場合，監督は You're <u>out</u> this time.（今回は外れてもらいます）と言います。ここにもレギュラーという空間の外というイメージが見て取れます。

　ここで興味深い例を考えてみましょう。例えば，停電で急に明かりが消えた時は，The lights went <u>out</u>.（明かりが消えました）と言います。一方，晴れ渡った夜空に星が出てきた時は，Look, the stars are <u>out</u>.（ねえ，星が出ているよ）と言います。最初の例が「消える」であるのに対して，2つ目の例では「出てくる」です。なぜ同じ out が一見反対の意味を表すのでしょうか。ここでポイントになるのが，コア・イメージに示されている「視点」です。つまり，空間の内側から見るのか，外側から見るのかということです。明かりの例を考えると，今自分がいる空間（視界）から明かりが out の状態になったので，「消える」となります。一方，星の場合は，人が空という空間の外側から星を見ているため，「出てくる」となるのです。

　out のコアは，「最後まで」という意味にも展開します。The tickets are sold <u>out</u>. と言えば，「チケットは完売しました」という意味です。相手に最後まで話を聞いて欲しい時は，Please hear me <u>out</u>. と言います。I ran <u>out</u> of time in the exam. は，時間が出尽くした，つまり「私は試験で時間切れになりました」という意味です。

【out】を使いこなす

Class（　）　No.（　）　Name（　　　　　　　　）

 ## 気づきのエクササイズ 🕒 10分

次の英文の意味を答え，**out** に共通する意味を考えよう。

(1)【用事があるのに…】Ms. Yamazaki is <u>out</u> now.

(2)【停電発生】The lights went <u>out</u>.

(3)【長い冬を越えて】A lot of flowers come <u>out</u> in spring.

(4)【大人気】The concert tickets are sold <u>out</u>.

共通する意味は（　　　　　　　　　　　　　　　）

 ## 理解＆表現のエクササイズ 🕒 15分

out のコアを意識しながら，次の英文の意味を答えよう。

(1)【明日は休日】Let's go <u>out</u> together tomorrow.

(2)【綺麗！】Look, the stars are <u>out</u> in the sky!

(3)【あと少しだったのに】I ran <u>out</u> of time in the exam.　*exam　試験

(4)【ちょっと！】Hear me <u>out</u>!

off

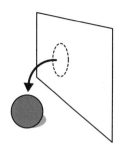

....

【コア】接触した状態から離れて

　off のコアは，「接触した状態から離れて」です。すでに何かに接触した状態（on）があり，そこから離れるというイメージです。移動を伴う場合と，状態を表す場合の2つのパターンがあります。

　例えば，Please take off your shoes here. と言えば，「ここで靴を脱いでください」となります。A button came off my jacket. も同様に，「ボタンが付いていた状態から離れた」というイメージから，「ジャケットからボタンが取れました」という意味になります。Plase switch off your mobile phone. は，携帯の電源がつながっていない状態にするということで，「携帯電話の電源をお切りください」です。

　セール期間中は，This shirt is 50 percent off the price.（このシャツは50%オフです）といった表現が店内で見られます。これも，元の値段から50%分が離れたということから，値下げされたという意味になります。

　以上に加え，off には「活動から離れて」という意味もあります。例えば，明日は部活がなく，I have a day off tomorrow. と言えば，「明日はお休みです」という意味になります。「雨が降ったりやんだりしています」と言う時は，It rains on and off. と表現します。雨が降っている状態（on）と降っていない状態（off）が交互にくるという感覚です。

　off が使われている熟語に，put off があります。Don't put off doing your homework. と言えば，「宿題をすることを，離れたところに位置させるな」ということから，「宿題をするのを先延ばしにするな」という意味になります。

【off】を使いこなす

 ## 気づきのエクササイズ　　　🕐　10分

次の英文の意味を答え，**off** に共通する意味を考えよう。

(1)【家に入る前に】Please take <u>off</u> your shoes here.

(2)【優先席付近では】Please switch <u>off</u> your mobile phone.

(3)【フライトスケジュール】The plane took <u>off</u> on time.

(4)【優先順位を考えて】Don't put <u>off</u> doing your homework.

共通する意味は（　　　　　　　　　　　　　　　　）

 ## 理解＆表現のエクササイズ　　　🕐　15分

off のコアを意識しながら，次の英文の意味を答えよう。

(1)【外出前】Don't forget to turn <u>off</u> the light.

(2)【付けてもらわないと…】A button came <u>off</u> my jacket.

(3)【セール中】This shirt is 50 percent <u>off</u> now.

(4)【明日は部活がありません】I have a day <u>off</u> tomorrow.

away

【コア】ある点から離れて

　awayのコアは，「ある点から離れて」であり，「離れた距離」に焦点があります。例えば，My house is about two kilometers <u>away</u> from here. と言えば，ここを基準として家が約2キロ離れていることから，「私の家はここから約2キロのところにあります」となります。その他にも，He ran <u>away</u>. と言えば，「彼は走り去りました」，Get <u>away</u>! と言えば，「あっちに行け」という意味になります。授業中に漫画を読んでいる生徒に先生がPut it <u>away</u>. と言えば，「それをしまいなさい」という意味になります。いずれの用例にも，ある点から離れてというコアが活きています。

　awayは，「不在で」という意味にも用いられます。Ms. Takahashi is <u>away</u> now. は，「高橋先生は今，不在です」という意味です。He has been <u>away</u> from school for a week. （彼は1週間学校を休んでいます）のように，from＋場所を示す場合もあります。

　また，awayを時間に応用して，The Sports Day [The entrance exam] is two weeks <u>away</u>. と言えば，「体育祭［入試］は2週間後です」という意味になります。現在を基準に，2週間分の時間が離れている，という感覚です。

　アメリカの小説家アーネスト・ヘミングウェイの名言に，You can't get <u>away</u> from yourself by moving from one place to another. （いくら旅をしても自分からは逃れることはできない）というものがあります。自分自身から目をそむけないで（away），しっかり向き合わなければならない，という強いメッセージを読み取ることができます。

【away】を使いこなす

Class（　　）　No.（　　）　Name（　　　　　　　　　　）

 気づきのエクササイズ　　🕐　10分

次の英文の意味を答え，**away** に共通する意味を考えよう。

(1)【家の場所】My house is about two kilometers <u>away</u> from here.

(2)【ひったくり】The man took her bag and ran <u>away</u>.

(3)【大丈夫かなぁ】He has been <u>away</u> from school for a week.

(4)【練習を頑張ろう】The Sports Day is just one month <u>away</u>.

共通する意味は（　　　　　　　　　　　　　　　　　　　）

 理解＆表現のエクササイズ　　🕐　15分

away のコアを意識しながら，次の英文の意味を答えよう。

(1)【郵便局の場所を聞かれて】The post office is not <u>away</u> from here.

(2)【高橋先生の居場所】Ms. Takahashi is <u>away</u> now.

(3)【キャンプファイアー中】Stay <u>away</u> from the fire.

(4)【本番が近づいて来ました】The entrance exam is two weeks <u>away</u>.

*entrance exam　入試

back

....

【コア】ある基準から後ろに

　back のコアは，「ある基準から後ろに」です。例えば，バンジージャンプをする直前に怖じ気づき，I stepped back. と言えば，「後ずさりをしてしまいました」となります。Don't look back. は，物理的に「後を振り向いてはいけません」という意味と，「過去を振り返ってはいけません」という意味に取ることができます。Don't keep anything back from me. は，何かを後に keep しないで，ということから「私に隠し事をしないで」という意味になります。また，「私は怒りをおさえることができませんでした」と言う場合は，I couldn't hold [keep] back my anger. と表現します。怒りが前に出てこないよう，後にとどめておくという感覚です。

　「ある基準から後ろに」というコアは，「元に戻る」という意味へと展開します。例えば I'll be back in a minute. は，「すぐ戻ります」という意味です。インフルエンザで10日間学校を休んでいた友達が登校した時は，He's finally back!（ついに彼が戻ってきた！）と言います。また，友達と一緒に勉強していて，ついついおしゃべりをしてしまった後は，Let' get back to work.（さあ，勉強に戻ろう）と言いましょう。夏休み明けに We are back to school again. と言えば，「また学校が始まりました」という意味です。電話で「折り返し電話します」と言う時は，I'll call you back. が決まり表現です。

　以上のように，back は日常会話でよく使われる語ですので，ぜひコアを意識して使いこなせるようにしましょう。

【back】を使いこなす

！ 気づきのエクササイズ　　🕐 10分

次の英文の意味を答え，**back** に共通する意味を考えよう。

(1) 【友達に】 Don't look back.

(2) 【夏休み明け】 We are back to school again.

(3) 【親友なんだし】 Don't keep anything back from me.

(4) 【インフルエンザで休んでいた友達について】 He is finally back!

共通する意味は （　　　　　　　　　　　　　　　　　　　）

理解＆表現のエクササイズ　　🕐 15分

back のコアを意識しながら，次の英文の意味を答えよう。

(1) 【ちょっと待っていて】 I'll be back in a minute.

(2) 【あまりのことに】 I can't hold back my anger.　*anger 怒り

(3) 【ついついおしゃべりをしてしまったので】 Let's get back to work.

(4) 【今取り込み中なので】 I'll call you back later.

エクササイズ解答

【be】

(1) ただいま！
(2) 佐藤先生は今，忙しいです。
(3) 私たちは中学生です。
(4) 私の誕生日は8月10日です。

共通する意味　何かがどこかにある

(1) 私は今，バスに乗っています。
(2) 私たちは野球部に所属しています。
(3) 彼女は今日欠席です。
(4) 私は14歳です。

【have】

(1) ペンを持っていますか。
(2) 彼女の髪は長いです。
(3) 私は沖縄で楽しい時間を過ごしました。
(4) 私たちは今夜パーティーをします。

共通する意味　自分のところに何かをもつ

(1) 私には今，彼氏がいます。
(2) 今，何時ですか。
(3) 頭痛がします。
(4) 良い週末を！

【take】

(1) 本棚から辞書を取ってください。
(2) 父は写真を撮るのが好きです。
(3) 私は昨日彼女を横浜に連れて行きました。
(4) 散歩をしましょう。

共通する意味　何かを自分のところに取り込む

(1) 私は今朝，間違った電車に乗ってしまいました。
(2) 体温を測らせてください。
(3) 学校まで30分かかります。
(4) 私は毎朝シャワーを浴びます。

【give】

(1) 私は彼女に誕生日プレゼントをあげました。
(2) 例を挙げましょう。
(3) 太陽は光を放ちます。
(4) ケビンにはいつも頭が痛いです。

共通する意味　自分のところから何かを出す

(1) 川井先生はたくさんの宿題を出します。
(2) 彼女は素晴らしいプレゼンをしました。
(3) 彼の誕生日パーティーをしましょう。

(4) いいかげんにしてよ。

(4) やったぁ！

【get】

(1) 私は彼からプレゼントをもらいました。
(2) 彼は私に怒りました。
(3) コーヒーを淹れますね。
(4) 母は私にゴミ出しをさせました。

共通する意味　ある状態になる（する）

(1) 私は今週末，新しいスマホを買う予定です。
(2) 私たちは疲れました。
(3) 両親が私にコンサートチケットを買ってくれました。
(4) 彼らに部室を掃除させなければなりません。

【make】

(1) 彼は炒飯を作っています。
(2) 彼らはその漫画を映画化しました。
(3) 紅茶を淹れましょう。
(4) 彼の言葉で悲しくなりました。

共通する意味　何かに手を加えて何かを作る

(1) 何を作っているの？
(2) 私は彼女を怒らせました。
(3) 母は今朝，私にお弁当を作ってくれました。

【break】

(1) 私はコンピュータを壊してしまいました。
(2) 卵を２つ割ってください。
(3) 彼は私（の心）を傷つけました。
(4) 私たちは校則を破るべきではありません。

共通する意味　力を加えて，形・機能・流れをコワス

(1) 誰が窓を割ったのですか。
(2) サッカーの練習中に足を骨折してしまいました。
(3) 彼は約束を破りました。
(4) 交通ルールを破ってはいけません。

【cut】

(1) ケーキを半分に切りましょう。
(2) 指の爪を切るのを忘れてしまいました。
(3) おしゃべりを止めてもらえますか。
(4) 彼は今朝，私を無視しました。

共通する意味　鋭利なもので切る

(1) 私はナイフで指を切ってしまいました。
(2) 私は昨日髪を切りました。
(3) 私はスピーチを２分短くしなければいけません。
(4) 手短に話します。

【go】

(1) 私は７時に登校します。

(2) このシミは取れません。

(3) 私は今週末，映画を観に行く予定です。

(4) この魚は腐ってしまいました。

共通する意味　視点が置かれているところから離れる

(1) 家に帰ろう。

(2) 頭痛が消えました。

(3) 調子はどう？

(4) 私たちは修学旅行で京都に行きました。

【come】

(1) 今行きます！

(2) 彼は２年前に日本に来ました。

(3) 私は読書が好きになりました。

(4) 私たちの努力は報われませんでした。

共通する意味　視点が置かれているところに移動する

(1) 今夜カラオケに来る？

(2) 彼女は今日学校に遅刻しました。

(3) 私の夢がついに叶いました。

(4) 何で？

【leave】

(1) 昨日２年生が沖縄に出発しました。

(2) 伝言を残してください。

(3) 公園に何も残さないでください。

(4) 私に任せてください。

共通する意味　持って行かないで（そのままの状態にして）去る

(1) 私は明日東京に向かって発つ予定です。

(2) トイレに行ってもいいですか。

(3) 私は電車に傘を置き忘れてしまいました。

(4) 放っておいて！

【run】

(1) 彼は足が速いです。

(2) テムズ川はロンドンを流れています。

(3) 私の父は小さな会社を経営しています。

(4) このコンピュータでは Windows 10は動きません。

共通する意味　ある方向に，連続して，すばやくなめらかに動く

(1) 私はトイレに駆け込みました。

(2) バスは20分置きに来ます。

(3) 鼻水が垂れていますよ。

(4) 私の祖父は，中華レストランを経営しています。

【catch】

(1) 私の犬はフリスビーをキャッチするのが得意です。
(2) 放課後，担任の先生をつかまえなければいけません。
(3) 彼女の新しい髪型は，私の注意を引きました。
(4) すみません，話の最後の部分が聞き取れませんでした。

共通する意味　動いているものをパッとつかまえる

(1) 風邪を引いたと思います。
(2) 私は終バスに乗らないといけません。
(3) すみません，お名前が聞き取れませんでした。
(4) またね！

【do】

(1) 宿題をするのを忘れました。
(2) 母は私に皿洗いをするよう頼みました。
(3) ボタンを締めなさい。
(4) 父は大学で心理学を学びました。

共通する意味　A に対して B をする

(1) 私は原宿で買い物をしました。
(2) 髪を整えないと。
(3) 頑張りました！

(4) 頼み事を聞いてもらえますか。

【hold & keep】

(1) (a)は，ドアを（手などで）一時的に開けておく。(b)は，ドアを開けっぱなしにしておく。
(2) (a) keep　(b) Hold

(1) こんな感じでラケットを握って。
(2) これからも連絡を取り合いましょう。
(3) 秘密を守れますか。
(4) 少々お待ちください。

【put & set】

(1) (a)は，テーブルの上であればどこに置いても構わない。(b)は，テーブルマナーを考慮して定められた位置に皿を配置する感覚。
(2) (a) set　(b) put

(1) この単語を英語にしなさい。
(2) ミーティングの日を決めましょう。
(3) 彼女は LINE のメッセージにスタンプを送信しました。
(4) 準備万端です。

【bring & carry】

(1) brought
(2) carries

(3) carried
(4) Bring

(1) パスポートを忘れずに持って来てください。
(2) その男性は病院に搬送されました。
(3) 私は友達にそのニュースを伝えました。
(4) 徒歩数分で駅に着きました。

【look & see】

(1) look at
(2) see
(3) see
(4) Look

(1) 今日は疲れているみたいですね。
(2) 私たちは先週末，映画を見ました。
(3) 私は吉田先生を探しています。
(4) 明日駅で会いましょう。

【listen & hear】

(1) listening to
(2) hear
(3) Listen
(4) heard

(1) 注意して聞いてください。
(2) 聞き間違えですよ。
(3) 彼が試験に合格したそうですね。

(4) 彼の言うことを聞いてはいけません。

【speak & talk】

(1) (a)は，彼に一方的に話したいという感覚。
    (b)は，彼と話し合いたいという感覚。
(2) (a) talking　(b) speaks

(1) ただ話を聞いて。口答えしないで。
(2) もっとゆっくり話してください。
(3) あなたは英語を話しますか。
(4) 彼女は今，電話中です。

【say & tell】

(1) Say
(2) told
(3) told
(4) say

(1) 本当のことを言ってください。
(2) 彼女はミーティングで一言も言いませんでした。
(3) ご両親によろしくお伝えください。
(4) ねえ，昨日何をしたの？

【push & press】

(1) (a)は普通にボタンを押すのに対し，(b)は力を込めて押し込むという感覚。
(2) (a) pressing　(b) pushed

(1) 急かさないで！

(2) シャツにアイロンをかけないといけません。

(3) あまり頑張りすぎないでね。

(4) 私は時間に追われています。

【pull & draw】

(1) (a)は,「机をぐいっと引っ張る」感覚。(b)は,「机を引いて動かす」という感覚。

(2) (a) draw　(b) Pull

(1) 私はジャイアンツを応援しています。

(2) お金をおろさなければなければいけません。

(3) 彼女は絵を描くのが得意です。

(4) 私たちは雑草を抜く必要があります。

【close & shut】

(1) (a)が普通にドアを閉めるのに対して，(b)はドアをバタンと閉める感覚。

(2) (a) close　(b) shut

(1) ドアに指をはさんでしまいました。

(2) 目を閉じて5数えてください。

(3) カーテンをちゃんと閉じてください。

(4) では，ファイルを保存して閉じてください。

【fall & drop】

(1) (a)は，気温が急激に低下したという感覚。(b)は普通に気温が下がったという感覚。

(2) (a) falling　(b) dropped

(1) 私は彼に恋をしました。

(2) 涙が私の頬を伝って落ちました。

(3) どこかに財布を落としたと思います。

(4) 雨が降り始めました。

【lift & raise】

(1) raise

(2) lifted

(3) raising

(4) lift

(1) 私は30kgのダンベルを持ち上げることができます。

(2) 私は茨城で生まれ育ちました。

(3) ここでは声を張り上げないでください。

(4) 手伝ってください！1人ではこの箱を持ち上げることができません。

【remain & stay】

(1) (a)は，家族がみな出かけ，彼だけが家に残ったという感覚。(b)は，周囲に関係なく，他の場所に行かずに家にいたという感覚。

(2) (a) remained　(b) stay

(1) 彼女は黙ったままでした。

(2) どのくらい日本に滞在する予定ですか。

(3) 私たちは今でも親友です。

(4) これ以上起きていられません！

【clear & clean】

(1) clear

(2) cleaning

(3) clear

(4) Clean

(1) あぁ，犬の歯を磨かないと。

(2) 台風の後，空が晴れ渡りました。

(3) 彼はプレゼンの前に咳払いをしました。

(4) 私たちは今週トイレ掃除です。

【in】

(1) ロッカーにカバンを入れなさい。

(2) 英語でお願いします。

(3) 夏に泳ぎに行くのが好きです。

(4) 彼女は彼に恋をしていると思います。

共通する意味　空間内に

(1) カバンに財布を入れ忘れました。

(2) 彼は困っていると思います。

(3) 私は2004年に長野で生まれました。

(4) 1時間後に戻ります。

【on】

(1) 机の上に座ってはいけません。

(2) 天井にハエがとまっています。

(3) 私は今，ダイエット中です。

(4) 私は誕生日に新しいスマホを手に入れました。

共通する意味　何かに接触して

(1) テーブルの上にグラスを置いてください。

(2) テレビをつけてください。

(3) 火曜日と金曜日に体育の授業があります。

(4) お昼はおごるよ。

【at】

(1) 校門のところで待っているね。

(2) 教科書の10ページを開いてください。

(3) 私はその知らせに驚きました。

(4) 1校時は8時50分に始まります。

共通する意味　〜のところに（場所）

(1) 次の角で右に曲がってください。

(2) 母は今，仕事中です。

(3) 私は数学と理科が得意です。

(4) 私は，当初彼のことが好きではありませんでした。

【by】

(1) 彼は窓のそばに立っています。
(2) 私はバスで通学します。
(3) 私は今日7時までに帰らなければいけません。
(4) 私は先生に叱られました。

共通する意味　近接して

(1) そばにいるよ。
(2) 6時までに戻ります。
(3) それはどういう意味ですか。
(4) その小説は夏目漱石によって書かれました。

【to】

(1) 私は7時に登校します。
(2) 向かい合って座りましょう。
(3) 私たちは担任の先生にプレゼントをあげました。
(4) 5時10分前（＝ 4時50分）です。

共通する意味　何かに向き合って

(1) 私は今日学校に遅刻しました。
(2) 何が起きたの？
(3) 私たちは月曜日から土曜日まで授業があります。
(4) その映画は私の好みではありませんでした。

【with】

(1) 私は昨日友達とボーリングに行きました。
(2) どうしたの？
(3) 私たちはたくさんの野菜が入ったシチューを作りました。
(4) 一石二鳥

共通する意味　何かとともに

(1) 一緒に来て！
(2) 鉛筆で記入してください。
(3) 校庭は雪で覆われていました。
(4) スマホの調子が悪いです。

【for】

(1) 私たちは明日北海道に向けて出発します。
(2) この電車は東京行きです。
(3) 私は6時にアラームをセットしました。
(4) 何にいたしましょうか。

共通する意味　何かに向かって

(1) これをどうぞ。
(2) 彼女のためにお別れ会を開きましょう。
(3) 私たちは長い間お互いのことを知っています。
(4) 「たこ焼き」は英語で何と言いますか。

【of】

(1) 山の頂上を見て。

(2) 私たちは ABC 高校の生徒です。

(3) 私はこのクラスの雰囲気が好きです。

(4) 私は犬が怖いです。

(1) 6 月の終わりに体育祭があります。

(2) スウェーデンの首都はどこですか。

(3) 私は毎日グラス一杯の牛乳を飲みます。

(4) 勉強に飽きました。

【under】

(1) 私たちは木の下で昼食をとりました。

(2) 18歳以下の人はこの映画を見ることができません。

(3) 体育館は工事中です。

(4) 佐藤という名前で予約を取った者です。

(1) 机の下にカバンを置いてください。

(2) 今日はジャケットの下にセーターを着ています。

(3) すごいプレッシャーがかかっています。

(4) 私のスマホは今，修理中です。

【over】

(1) ネコが壁を跳び越えました。

(2) 私たちは現在，日本海上空を飛行中です。

(3) 彼女は手で顔を覆いました。

(4) 山の向こうに村があります。

(1) 私たちは今，橋の上を車で通過中です。

(2) 彼は40歳以上だと思います。

(3) テーブルにクロスをかけてください。

(4) ついに試合が終わりました。

【through】

(1) 私たちは通学の時，公園を通り抜けます。

(2) 窓からチョウが入ってきました。

(3) 教科書を進めましょう。

(4) 午後ずっと雨が降りました。

(1) バスはトンネルを通過中です。

(2) 私たちは月曜日から金曜日まで学校があります。

(3) 彼女からそれを聞きました。

(4) 私は辛い経験をしました。

【across】

(1) この通りを渡ることはできません。

(2) 彼はテーブルの向かい側に座りました。

(3) 川にかかっている橋が見えますか。

(4) ダンスは文化を越えて人気があります。

共通する意味 平面を横切って

(1) 公園を通って行きましょう。

(2) 地下鉄の駅はここの向かいです。

(3) 大きな木が道を横切るようにふさいでいます。

(4) 私はスーパーで担任の先生に偶然会いました。

【along】

(1) 私たちは線路沿いに散歩をしました。

(2) 駅前通りにはたくさんのお店があります。

(3) 私と一緒に歌ってください。

(4) 全て順調に進んでいます。

共通する意味 何かに沿って

(1) 私たちは浜辺沿いに歩きました。

(2) この道沿いにたくさんの桜の木を見ることができます。

(3) 私はクラスメイトと仲良くやっています。

(4) 一緒に来て。

【around】

(1) 地球は太陽の周りをまわります。

(2) 私は日本中を旅したいです。

(3) 角を曲がったとこりに素敵なカフェがあります。

(4) この辺にいます。

共通する意味 何かの周囲に

(1) 街を案内しますよ。

(2) もう10時頃です。

(3) 誕生日がもうすぐです。

(4) またね。

【about】

(1) 子どもたちが公園で走っています。

(2) 何について話しているのですか。

(3) 7時頃戻ります。

(4) ちょうどあなたに電話するところでした。

共通する意味 何かの周辺に，あたりに

(1) 新宿をぶらぶらしましょう。

(2) 私は日本文化についてのプレゼンをしました。

(3) 今，7時頃です。

(4) 私たちは帰宅するところです。

【between】

(1) 本屋はレストランとパン屋の間にあります。

(2) like と dogs の間にスペースを入れてください。

(3) ライムは黄色と緑色の中間です。

(4) college と university の違いは何ですか。

2つのものの間に

(1) 机をソファとテレビの間に動かしましょう。

(2) 3時から4時の間に伺います。

(3) これはここだけの話ですよ。

(4) どちらか1つを選べません。

【above】

(1) 太陽が地平線の上にあります。

(2) 上の表を見てください。

(3) 気温が30℃を越えました。

(4) 私は和食が好きです。とりわけ天ぷらが好きです。

ある基準よりも高い位置に

(1) 私たちは雲の上を飛行中です。

(2) 私の点数は平均点以上でした。

(3) 彼は30歳以上だと思います。

(4) インターネットカフェはコンビニの上にあります。

【below】

(1) 太陽が地平線の下に沈みました。

(2) 彼の身長は170cm以下です。

(3) 女子は膝下までのスカートを穿いていま

す。

(4) 以下の問いに答えなさい。

ある基準よりも低い位置に

(1) ねえ，下に琵琶湖が見えます。

(2) 私の点数は平均点以下でした。

(3) 今朝，気温が氷点下になりました。

(4) 以下の表を見てください。

【against】

(1) 彼女は窓に顔を押しつけました。

(2) 船は風に逆らって進みました。

(3) 私はその計画に反対です。

(4) 彼女は私のアドバイスに従いませんでした。

何かに対抗して

(1) 私たちは人の流れに逆らって歩きました。

(2) 雨が窓に打ち付けられていました。

(3) 私たちは ABC 中学校と試合をしました。

(4) あなたは彼女の意見に賛成ですか，それとも反対ですか。

【up】

(1) 彼は木に登りました。

(2) 私は昨夜夜更かしをしました。

(3) 彼女は今日来ませんでした。

(4) 時間です。

共通する意味　ある基準よりも上の方に移動
　　　　　　する

(1) 私は今朝5時に起床しました。

(2) 何かあった？

(3) 私は部屋を掃除しました。

(4) 辞書でその単語を引いてください。

【down】

(1) 彼は階段を駆け降りました。

(2) 私の体重は去年10kg減りました。

(3) がっかりさせないで。

(4) しっかり勉強に取り掛かろう。

共通する意味　ある基準よりも下の方に移動
　　　　　　する

(1) このエレベーターは下行きです。

(2) 今日は落ち込んでいます。

(3) これを書き取ってください。

(4) コンピュータをシャットダウンしてくだ
　　さい。

【out】

(1) 山崎先生は今，外出しています。

(2) 明かりが消えました。

(3) たくさんの花が春に咲きます。

(4) コンサートチケットは完売しました。

共通する意味　空間の外に

(1) 明日一緒に出かけよう。

(2) ねえ，空に星が出ているよ。

(3) 試験で時間切れになりました。

(4) 最後まで話を聞いて！

【off】

(1) ここで靴を脱いでください。

(2) 携帯電話の電源を切ってください。

(3) 飛行機は定刻に離陸しました。

(4) 宿題をやるのを後回しにしてはいけませ
　　ん。

共通する意味　接触した状態から離れて

(1) 明かりを消すのを忘れないように。

(2) ジャケットからボタンが取れました。

(3) このシャツは今，50％オフです。

(4) 明日はお休みです。

【away】

(1) 私の家はここから2km離れたところにあ
　　ります。

(2) その男は彼女からカバンを取り，走り去
　　りました。

(3) 彼は1週間学校を休んでいます。

(4) 体育祭はちょうど1ヵ月後です。

共通する意味　ある点から離れて

(1) 郵便局はここから遠くはありません。

(2) 高橋先生は今，外出しています。

(3) 火から離れて。

(4) 入試まであと2週間です。

【back】

(1) 後を振り向いてはいけません。／過去を
　　振り返ってはいけません。

(2) 学校がまた始まりました。

(3) 私に隠し事をしないでください。

(4) 彼がついに戻ってきた！

共通する意味　ある基準から後ろに

(1) すぐに戻ります。

(2) 私は怒りを抑えておくことができません。

(3) 勉強に戻りましょう。

(4) 後で電話します。

おわりに

　本書では，基本語を代表する42の基本動詞と25の前置詞の意味世界を，コアとコア・イメージの視点から解説し，授業で即応できるエクササイズを紹介しました。一見複雑で多岐に渡る基本語の意味世界が，コアという概念を通してすっきりと理解できることをお感じになられたと思います。イントロダクションで述べた通り，基本語は日常会話をはじめとする様々な場面で用いられると同時に，文法力や会話力の向上にも役立ちます。紙幅の都合上，本書では限られた用例しか掲載することができませんでしたが，現実問題として語の全ての用例を授業で提示することはできません。しかし，コアという視点をもつことで，基本語がどのような場面で用いられても，その意味を理解する大きな手助けになるはずです。

　授業の構成やエクササイズの形式については，本書で紹介したもの以外にも多種多様な選択肢が考えられます。基本語のエクササイズ論は依然として発展途上であるため，今後現場での幅広い実践を通して，より良い形を模索していく必要があります。本書がその出発点としての役割を果たすことができれば，筆者として望外の喜びです。

　基本語と聞くと，多くの人は英語学習の初期に学習する「簡単な語」というイメージをもちますが，「基本」というのは決して「簡単な」という意味ではありません。むしろ，英語力の「基礎・基盤」(foundation)としての重要な役割を果たす語であると言えます。教師が英語学習におけるその重要性を，いかに生徒に納得感をもって伝えることができるかが，基本語指導の成否を左右する鍵となります。

　本書を通じて，読者の先生方が自信をもって日々の授業で基本語の指導を実践され，それが生徒の英語力向上の一助となれば幸いです。

2017年10月　　森本　俊

【著者紹介】
森本　俊（もりもと　しゅん）
新潟県燕市生まれ。慶應義塾大学総合政策学部卒業，The University of Auckland 大学院修士課程修了（M. A. in Language Teaching and Learning），慶應義塾大学大学院政策・メディア研究科後期博士課程単位取得退学（学術博士）。智学館中等教育学校英語科教員を経て，現在，常磐大学人間科学部コミュニケーション学科助教。専門は応用言語学，第二言語習得論（特に語彙習得）。文部科学省検定教科書『PRO-VISION English Communication』（桐原書店）編集委員。

［本文イラスト］IT Design Studio

中学校英語サポートBOOKS

コア・イメージで英語感覚を磨く！
基本語指導ガイド

2017年12月初版第1刷刊　Ⓒ著　者　森　　本　　　　俊
　　　　　　　発行者　藤　　原　　光　　政
　　　　　　　発行所　明治図書出版株式会社
　　　　　　　　　　　http://www.meijitosho.co.jp
　　　　　　　　　　　（企画・校正）広川　淳志
　　　　　　　〒114-0023　東京都北区滝野川7-46-1
　　　　　　　振替00160-5-151318　電話03(5907)6703
　　　　　　　　　ご注文窓口　電話03(5907)6668
＊検印省略　　　　　　組版所　長野印刷商工株式会社

Printed in Japan　　　　　　ISBN978-4-18-222319-8
もれなくクーポンがもらえる！読者アンケートはこちらから →